退職前に開業できる!

# 素人でもたった2年で年商1.8億円を実現した美健EC

㈱薬事法ドットコム社主／JTA(日本遠隔健康管理学会)理事長
林田 学

ダイヤモンド社

# はじめに

佐藤太郎・花子さんご夫婦が私のオフィスを訪ねてきたのは、二〇一五年秋のことでした。

私の部屋にある会議用テーブルの席に座ると、私には見慣れた紫色の私の著書『4年で年商30億の通販長者になれるプロの戦略』（ダイヤモンド社刊）の本（以下、『4年で30億』）を、花子さんがハンドバッグの中から取り出しました。

「主人には、あと三年でサラリーマンをやめて、セミリタイアしてほしいと思っているんです」と花子さん。

太郎さんの会社の定年は六〇歳、太郎さんはまだ五〇歳を超えたばかりだという。

「会社勤めの夫は、毎日帰りも遅く土日も家で仕事をするぐらいで、これまでほとんど夫婦でゆっくり過ごせる時間はありませんでした。かといって、会社をやめてしまえば退職金や貯蓄だけで生活していけるかどうかもわかりません。でももっと時間的にも金銭的にも余裕のある充実した第二の人生を送りたいのです」

花子さんは真剣だった。

「で、何か方法はないのか探してみました。二人とも本を読むのが好きなのでいろんな本を読みました。そして先生のこの本に出合い、これだ！と思ったんです」

本を開くといろいろなところに線が引いてある。

「二人の子どもも社会人になりましたので、迷惑をかけることもありません。私が起業すれば、夫は当面仕事を続けられますから、起業がうまくいかなくてもなんとかなると

思います。この本に出会えたのが運命だと思って、ECにチャレンジしてみたいのです」

ECとはエレクトリックコマース。ウェブを使った通販のこと。

「主人はもともと理科系で数字に強いし、経営的な知識もある。私はただの主婦ですが、美容・健康食品には興味があって、スマホでの通販も通販オタクと友達に言われるほど慣れ親しんでいます。最近は起業セミナーにも参加したりしています」

ここでご主人が口を開いた。

「私の先輩で定年退職後に故郷にUターンして地元名産品のECを始めた人がいますが、いつも新規顧客で売上を上げねばならずまったく安定感がなく手間もかかります。流行りのファッションアイテムの通販サイトを立ち上げた人もそうです」

「LTVの発想がないのです」

と、花子さんが続けた。LTVとはライフタイムバリュー。一人の顧客がその会社に生涯投下する金額。ベンチャーの場合は最初の一年間に投下する金額と考えてよい。

「LTVを上げるにはリピート商材でなければなりません。早い話。健康食品か化粧品。今月リピートで五〇〇〇万円の売上が上がっていれば、その顧客から来月四〇〇〇万円の売上は見込める。それに新規顧客を上積みしていけばよい。美健ＥＣなら靴や洋服のＥＣのように先が読めず、手間ばかりかかるビジネスにはならないと思うんです」

花子さんはよく私の本を読んでいた。

「競争が激烈なことはよくわかっています。でも先生の本を読み、リーガルマーケティングの戦略をコンサルできるのは日本で先生しかいないことを理解しました。ですから、先生にコンサルしてもらえば、優位性があり、激烈な競争も勝ち抜いていける気がするのです」

リーガルマーケティングとは、美健ビジネスに対する法規制をよく理解してマーケティングの攻めどころを考えるという考え方。

私が日本で初めて構築したマーケティング理論で、『4年で30億』の本で活字として初めて明らかにした。

「私と妻の貯金からイニシャルコストとして二〇〇〇万円くらい用意できます。そのバジッドで先生に戦略を考えてほしいのです」

と、ご主人が話をまとめた。

今回、佐藤さんご夫婦のために私が考えた戦略は、ダイエット系の機能性表示食品を商材とするEC（なぜそう考えたのかは後述）。機能性表示とは簡単に言うとエビデンスがあれば健康食品・一般食品の効果が言えるようになる制度で二〇一五年四月にスタートした制度。

それから約三年経ち、この商材は創業約二年で約一・八億円の年商と年間三〇〇〇万円の利益を叩き出し（利益率一七％）、一億円の権利価格が付いています（ビジネスマーケットで一億円で権利を売れると査定されている）。

五〇〇％のROI（リターン・オン・インヴェストメント。投資がどれだけのリターンを生んだのかを示す指標）となったわけだ。

この間、花子さんは一人でグレート社を立ち上げ、ご主人のアドバイスを受けながら実質一人でビジネス展開。基本はすべてアウトソーシング。

花子さんが言ってくれたように、私が考案したリーガルマーケティングは実際優位性があり、いろいろな成功事例を生み出しています。

『4年で30億』のモデルとなった美容液は、年商五〇億円に達し、社長は次の目標は年商二五〇億円と意気込んでいます。

『4年で30億』の本で取り上げたパーソナルジムは、時価総額一〇〇〇億円を超え、アンビシャスに上場していた北海道の会社は東証一部に昇格し、福岡の健康食品の会社も年商五〇億円を超えました。

他にも、美白クリームで年商一〇億円で停滞していたのが二〇億円↓五〇億円↓八〇億円と伸びた事例、オールインワン化粧品で二〇億円↓五〇億円↓八〇億円と伸びた事例、米由来美容液で二〇億円の停滞から抜け出し、五〇億円を突破して大手にバイアウト（売却）した事例、海外発のコンセプトの化粧品で五〇億円に至った事例、年商二〇億円、利益一五％を毎年コンスタントに実現しているアンチエイジング美容液などなど（図表1）。

『4年で30億』の本の後、私は、著書『機能性表示とノウハウカルテットで4年でビリオネアへの道』（河出書房新社刊、以下『4年でビリオネア』）を刊行しましたが、佐藤さんの事例はこれをほぼ実践した事例でした。

『4年で30億』や『4年でビリオネア』という目標に比べれば、佐藤さんの事例は小さな成功事例ですが、人生百年と言われ、他方で「働き方改革」という名のもと年金に頼らない自立が求められています。

そこで、独立・起業や定年後の人生設計に悩んでいる方々には、身近な成功事例として参考になるのではないかと思い、佐藤さんのプライバシーを侵害しない限度で情報開示に協力していただき、本書の執筆に至りました。

本書を通して、リーガルマーケティングの考え方とその実践、ECの基礎知識、たった一人でビジネス展開する手法などを学んでいただき、新たな人生設計に役立てていただければ幸いです。

# もくじ

## 第1章

# 美健ECの準備段階

## 会社設立〜商品販売までを勝ち切るエッセンス

## 第一ステージ（その三）：LP制作　70



## Column 2　ワーディングの重要性　86

# 第2章

# キックオフ後の成功展開

## 年商1・8億を実現する勝者のノウハウ

# プロローグ

## 本書の構成について

まず、本書の構成について説明させてください。

佐藤さんがプライバシーは守りたいということで、佐藤太郎・花子という氏名自体、仮名ですし、グレート社という社名も仮称、機能性表示の取得時期はじめ時期の特定も少し事実と異なりますが、**二年で年商一・八億円、利益三〇〇〇万円、利益率一七%**という数値など、ＫＰＩ（重要な経営数値）はほぼ現実に即しています。

その証明となるものは、本書の中で可能な限り示したいと思います（図表1）。

また、アウトソースやマーケティングに使った会社名やツール名など、皆様に活用していただきたいものは原則変えていません。

図表1　『4年で30億』に取り上げた事例のその後および他の成功事例

| 事例 | 2018年年初のステータス |
|---|---|
| モデルとなった美容液 | 年商50億円突破 |
| パーソナルジム | 時価総額1000億円超 |
| アンビシャス上場会社 | 東証一部に昇格 |
| 福岡の健食会社 | 年商50億円突破 |
| 美白クリーム | 年商10億→20億→50億→80億 |
| オールインワン化粧品 | 20億→50億→80億 |
| 米由来美容液 | 20億→50億→BUYOUT |
| 海外発コンセプトの化粧品 | 50億円 |
| アンチエイジング美容液 | コンスタントに年商20億円、利益15% |

残高試算表（月次・期間）　2頁

損益計算書

事業所（合計）　自 平成29年 月 日 至 平成30年 月 日（決算仕訳を含む）　単位：円

売上↓

| 勘定科目 | 前期繰越 | 期間借方 | 期間貸方 | 当期残高 | 対売上比 |
|---|---|---|---|---|---|
| 売上高 | 0 | 4,933,963 | 181,679,415 | 176,745,452 | 100.00 |
| 売上高合計 | 0 | 4,933,963 | 181,679,415 | 176,745,452 | 100.00 |
| 期首商品棚卸高 | 0 | 66,766,989 | 61,560,919 | 5,206,070 | 2.95 |
| 期首商品棚卸高 | 0 | 66,766,989 | 61,560,919 | 5,206,070 | 2.95 |
| 仕入高 | 0 | 37,854,005 | 0 | 37,854,005 | 21.42 |
| 材料費 | 0 | 335,800 | 0 | 335,800 | 0.19 |
| 当期商品仕入高 | 0 | 38,189,805 | 0 | 38,189,805 | 21.61 |
| 合計 | 0 | 104,956,794 | 61,560,919 | 43,395,875 | 24.55 |
| 期末商品棚卸高 | 0 | 61,560,919 | 72,610,848 | 11,049,929 | 6.25 |
| 期末商品棚卸高 | 0 | 61,560,919 | 72,610,848 | 11,049,929 | 6.25 |
| 売上原価 | 0 | 166,517,713 | 134,171,767 | 32,345,946 | 18.30 |
| 売上総損益金額 | 0 | | 144,399,506 | 144,399,506 | 81.70 |
| 外注費 | 0 | 21,501,143 | 0 | 21,501,143 | 12.17 |
| 広告宣伝費 | 0 | 81,643,110 | 0 | 81,643,110 | 46.19 |
| 会議費 | 0 | 9,250 | 0 | 9,250 | 0.01 |
| 旅費交通費 | 0 | 72,762 | 0 | 72,762 | 0.04 |
| 通信費 | 0 | 315,187 | 0 | 315,187 | 0.18 |
| 販売促進費 | 0 | 6,794 | 0 | 6,794 | 0.00 |
| 消耗品費 | 0 | 552,444 | 0 | 552,444 | 0.31 |
| 事務用品費 | 0 | 2,151 | 0 | 2,151 | 0.00 |
| 新聞図書費 | 0 | 5,724 | 0 | 5,724 | 0.00 |
| 諸会費 | 0 | 26,460 | 0 | 26,460 | 0.01 |
| 支払手数料 | 0 | 5,250,467 | 0 | 5,250,467 | 2.97 |
| 賃借料 | 0 | 412,893 | 0 | 412,893 | 0.23 |
| 租税公課 | 0 | 34,200 | 0 | 34,200 | 0.02 |
| 支払報酬料 | 0 | 573,480 | 0 | 573,480 | 0.32 |
| 繰延資産償却（販） | 0 | 112,896 | 0 | 112,896 | 0.06 |
| ソフト使用料 | 0 | 1,617,351 | -540 | 1,617,891 | 0.92 |
| 研修費 | 0 | 702,000 | 0 | 702,000 | 0.40 |
| 販売管理費計 | 0 | 112,838,312 | -540 | 112,838,852 | 63.84 |
| 営業損益金額 | 0 | | 31,560,654 | 31,560,654 | 17.86 |
| 受取利息 | 0 | 0 | 117 | 117 | 0.00 |
| 雑収入 | 0 | 0 | 14 | 14 | 0.00 |
| 営業外収益合計 | 0 | 0 | 131 | 131 | 0.00 |
| 支払利息 | 0 | 61,260 | 0 | 61,260 | 0.03 |
| 営業外費用合計 | 0 | 61,260 | 0 | 61,260 | 0.03 |
| 経常損益金額 | 0 | | 31,499,525 | 31,499,525 | 17.82 |

| 勘定科目 | 前期繰越 | 期間借方 | 期間貸方 | 当期残高 | 対売上比 |
|---|---|---|---|---|---|
| 特別利益合計 | 0 | 0 | 0 | 0 | 0.00 |
| 特別損失合計 | 0 | 0 | 0 | 0 | 0.00 |
| 税引前当期純損益金額 | 0 | | 31,499,525 | 31,499,525 | 17.82 |
| 当期純損益金額 | 0 | | 31,499,525 | 31,499,525 | 17.82 |

↑利益

## ＥＣビジネス成功のカギとなる「リーガルマーケティング理論」

そして、あらかじめご理解いただかなければいけない重要なポイントが、リーガルマーケティング理論です。この理論が、あなたのビジネスを成功に導く不可欠の成功戦略であるということです。

まずは、この点を説明しておきましょう。

健康美容医療に関して、日本の法規制は独特のものがあります。

それは**「何ができるのかを明確にしない」**ということです。

「取り締まることこそが仕事」というスタンスに立ち、できないことの大枠を示すものの、何ができるのかは明確にしないため、ビジネスプレーヤーは新しいことに思いつきりアクセルを踏んで突進することができません。

当局に相談しても、「取り締まることこそが仕事」というスタンスなので、成功戦略は描けません。

しかし、このことは裏を返せばそこにビジネスチャンスがあることを意味しています。

規制が不明確でよくわからない、何ができて何ができないのかその境がよくわからないと嘆いているばかりで前に進めないビジネスプレーヤーが世の中には溢れています。そういうプレーヤーを尻目に、ここまではいけるという確かな「瀬踏み」ができれば、一人だけスルスルと抜け出すことができるのです。

## リーガルマーケティングで売上を急激に伸ばしたやずや、そして、パーソナルジム

この法規制の壁は、経験したことがない人にはわかりにくいかもしれませんので、現象面からもう少し説明しておきましょう。

私が一九九八年の十一月に、以上お話ししたリーガルマーケティングのセミナーを実施した時に、「やずや」の西野専務が、「あなたの話は面白かった。ぜひやずやを指導してほしい」と声をかけられました。

当時、やずやは年商三〇億円くらいで十年近く停滞しておられました。その最大の原因は、薬事法違反が怖くて攻めの広告ができない、どこまで攻められるかがよくわからないので委縮した広告になってしまっている、ということでした。

そこで、すべての広告を私が見て、広告制作のアドバイスをすることになりました。ちょうどそのタイミングで「香醋《こうず》」という商品力抜群の商材が現れたこともあり、それから、約六年でやずやは年商四七〇億円という単品通販（カタログ的にいろんな商品を売るのではなく少数の商品に絞って販売する手法。この手法だと利益率が高く、売上の二〇％の利益率も可能）史上最高のレコードを樹立しました。

法規制の圧力が、いかに潜在的なポテンシャルを抑えているのかがよくわかる事例だと思います。

また、私が二〇一三年に書いた『4年で30億』で紹介したパーソナルジム（守秘義務の関係で固有名詞は控えておきます）もそうです。

この事例は、史上初めてビフォーアフターCMを流すことに成功できたことから一気に売上が伸びていきました。それまでは、みな法規制があるからそんなことはできないと思って委縮していたことを、リーガルマーケティングでブレークスルーできたのでした。

この事例も、法規制の圧力が潜在的なポテンシャルを抑えていたことを物語る事例だと思います。

## 法規制を読み解く三つの柱

以上のようなリーガルマーケティングを実践するには、法規制を読み解き、マーケティング戦略を組み立てる必要があります。

まず、法規制を読み解くことに関して、私は三つの柱を用意しています。

一つ目は私自身の努力。私はもともと法学で博士号も取りましたし、その後、大学教授や弁護士も務め（共に現在はやっていません）、政府系の委員会の座長を務めたこともあるので、ある程度の法的素養はあると思います。私がオーナーである薬事法ドットコムのホームページには、「薬事法ルール集」という法律情報コーナーがありますが、そのコーナーは私が日々リニューアルしており、最新の法律情報をキャッチアップするように努力しています。

二つ目は英知の結集。日本の法規制を作っているのは高級官僚の方々です。そこで財務省ＯＢや厚労省ＯＢ、そういう方々を薬事法ドットコムの顧問として抱え、法規制の読み解きに英知を結集しています。

三つ目は現場情報です。この分野で法規制に違反している疑いがあるということになると、通常、行政指導ないしそれに類似した勧告が行われます。しかし、これらは原則一切表に出ません。どういうケースでどういう指導が行われたのかの情報が蓄積されていけば、何ができて何ができないのかが段々読めてきますが、そういう情報はオープンにされていません。

そこで、私は現場の情報ネットワークづくりを進めてきました。指導する側から情報が出ないのであれば、指導される側の情報を集めればよいのです。二〇一八年六月初旬時点で、薬事法ドットコムの会員数は約三〇〇社、メルマガ会員は約一万七〇〇〇人。このフィールドから行政指導など、現場で起きていることの相談質問が毎日多数寄せられ、表に出ていないことのかなりの情報を掌握できています。

この三つの柱で、たとえ不明確な法規制であったとしても、かなりの部分を読み解くことができます。

## 法規制の把握に次いで大切なマーケティングノウハウ

そこで、次に必要なのがマーケティングノウハウです。

パーソナルジムの広告でビフォーアフターを見せるのはNGとは言えないと、法規制が読み解けたとして、ではそれをどういうメディアでどういう切り口で見せれば効果的なのかは、マーケティングの現場のノウハウが必要です。

この点、私は一九九五年から健康美容医療分野のコンサルティングを行っており、特に、前述のように、「やずや」さんの広告はすべてチェックしていたので、現場でマーケティングノウハウを獲得してきました。

また、コンサルを実践するために、いろいろな広告代理店や制作会社ともコラボしているので、そこでも英知の結集ができています。

こういうバックグラウンドに基づいて、リーガルマーケティング理論を打ち立て、実践しているわけです。

## 佐藤さんのケースのリーガルマーケティング

佐藤さんのケースでは、私はイニシャルの予算が二〇〇〇万円であれば、機能性表示食品で勝負すべきだとジャッジしましたが、ここにも大きく三つのリーガルマーケ

図表2　商品別コストと成功可能性

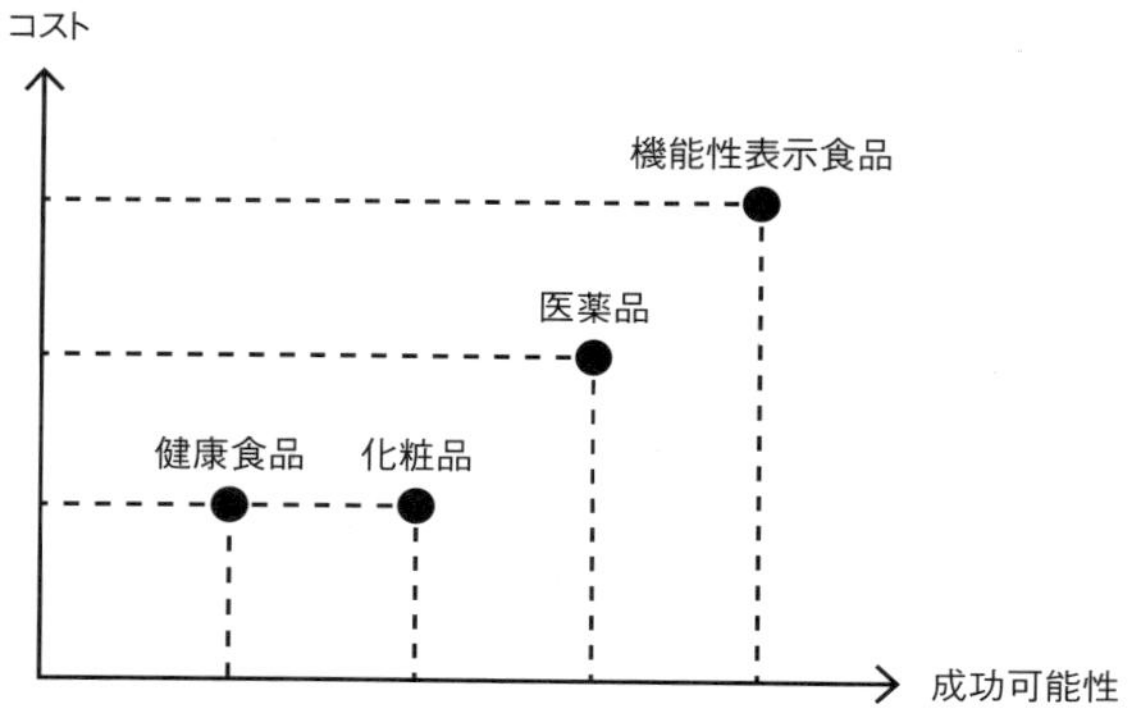


ティングがあります。

第一に、佐藤さんのケースでの与件はLTVの見地からリピート商材がよい、ということだけです。その与件からすると、健康食品・化粧品・機能性表示食品・医薬品（キミエホワイトのような医薬品）がカテゴリーとして抽出されます。その中で、コストと成功可能性を二軸で考えて機能性表示食品を勧めました(図表2)。その判断は、それぞれのカテゴリーが理論上および実際上どういうもので、また、どういう成功戦略がありうるのかというリーガルマーケティング理論の視角から行われています。

第二に、佐藤さんのケースでは創業二期目で年商一・八億円、利益三〇〇〇万円、利益率一七％を達成しましたが、機能性表示食品が受理されたのは二期目の四カ月目でした。つまり、佐藤さんのケースは、機能性表示食品だから成功したというわけではなく、二つのリレーで、第一走が普通の健康食品。この第一走が頑張ってうまく第二走の機能性表示食品につないだので成功できたのです。で、この普通の健康食品。なんの許可もなく誰でも簡単に始められるため、激烈な競争で、しかも、新聞やＢＳテレビを見るとわかるようにブランド力のある大手もどんどん進出しているので、誰も知らないブランドの健康食品を売上げていくのは至難の業です。詳しくは後述しますが、そこで用いたのが**メディカルコンテ**

ンツとティーアップ（持ち上げ）です。

たとえば、「医師の九三％が推薦する」といったコンテンツがどこまで許されるのかは法規制の問題ですが、やはり大枠は示されているものの、ディテールは明確ではなく最後は自分で判断するしかありません。こういう時にものを言うのが前述の「法規制を読み解く三つの柱」なのです。佐藤さんのケースで第一走である普通の健康食品がうまく走れた背景には、やはりリーガルマーケティング理論があったのです。

第三に、機能性表示食品。スタート前に描かれていた制度のイメージとスタート後の現実の運用が大きく異なっています。アメリカの健康食品制度はこうです。①病気を治すとか予防するなど病気のゾーンに入らない健康訴求であれば、企業の自己責任でやってよい。②ただし、それが虚偽であればしっかり責任を取ってもらう。

アメリカでは一九九四年からこのシステムですが、他方、日本は**たとえ真実であっても健康食品の効果は言ってはならない**という仕組みが今でも続いています。根底には健康食品に効果はありえないという昔ながらの発想があるのですが、科学技術の進歩にともない段々その発想も時代遅れになってきたこともあり、二〇一五年四月からちゃんとしたエビデンスがあれば、病気のゾーンに入らない限度で効果をうたうことを認めることになりました。

これが機能性表示食品制度です。手続き的には消費者庁に届け出て、形式審査が行われ、それをパスすれば受理＝合格というシステムになりました。

そこで示されたのは「**病気のゾーンはＮＧ、健康のゾーンはＯＫ**」というルールでした。

しかし、制度が始まってみると、「形式審査」とはいうものの実際にはとても細かく審査され、届出から受理まで一年近くかかるのが実状です。しかも、運用上受理されないケースもたくさんあります。

たとえば、「肌の潤いを保つ」は受理されますが、「肌のきめを整える」は受理されません。後者は「単なる美容で健康とは関係ない」という理由です。しかし、両者の違いを合理的に説明することは難しいように思います。

規制緩和の見地から始まった機能性表示食品制度なのですが、いざ始まってみると、示されているのは大枠のみ。細部はやはり水面下の運用次第、というのが現実です。

そこで私は、機能性表示の届出に極力関わるようにして水面下の運用情報を集めるように努力してきました。ここでも情報ネットワークを構築してきたのです。その結果、一〇〇件以上の届出に関わり、表に出ない情報を入手して、「瀬踏み」ができるようになりました。

そうなると、制度上可能な訴求ポイントと、マーケティング上競争力のある訴求ポイントを描き、その相互関係から訴求ポイントを設定していくという、リーガルマーケティング理論の実践が可能になります（図表3）。

このようなリーガルマーケティング理論が私のコンサルの中核であり、いろいろな成功事例の幹となっています。その幹に細かいマーケティングスキルが枝葉として加わって成功戦略が実践できるというわけです（図表4）。

## 商品力よりも〝知恵〟が勝負を分ける美健ビジネス

佐藤さんのケースは、まず普通の健康食品としての販売が第一期としてあり、機能性表示食品としての販売が第二期としてあります。

図表3　機能性表示食品のリーガルマーケティング

←――― 健康のゾーンの中で、運用上認める可能性のあるもの ―――→

**制度上可能な訴求ポイント**

↕

マーケティング上、競争力のある訴求ポイント

図表4　私のコンサル体系

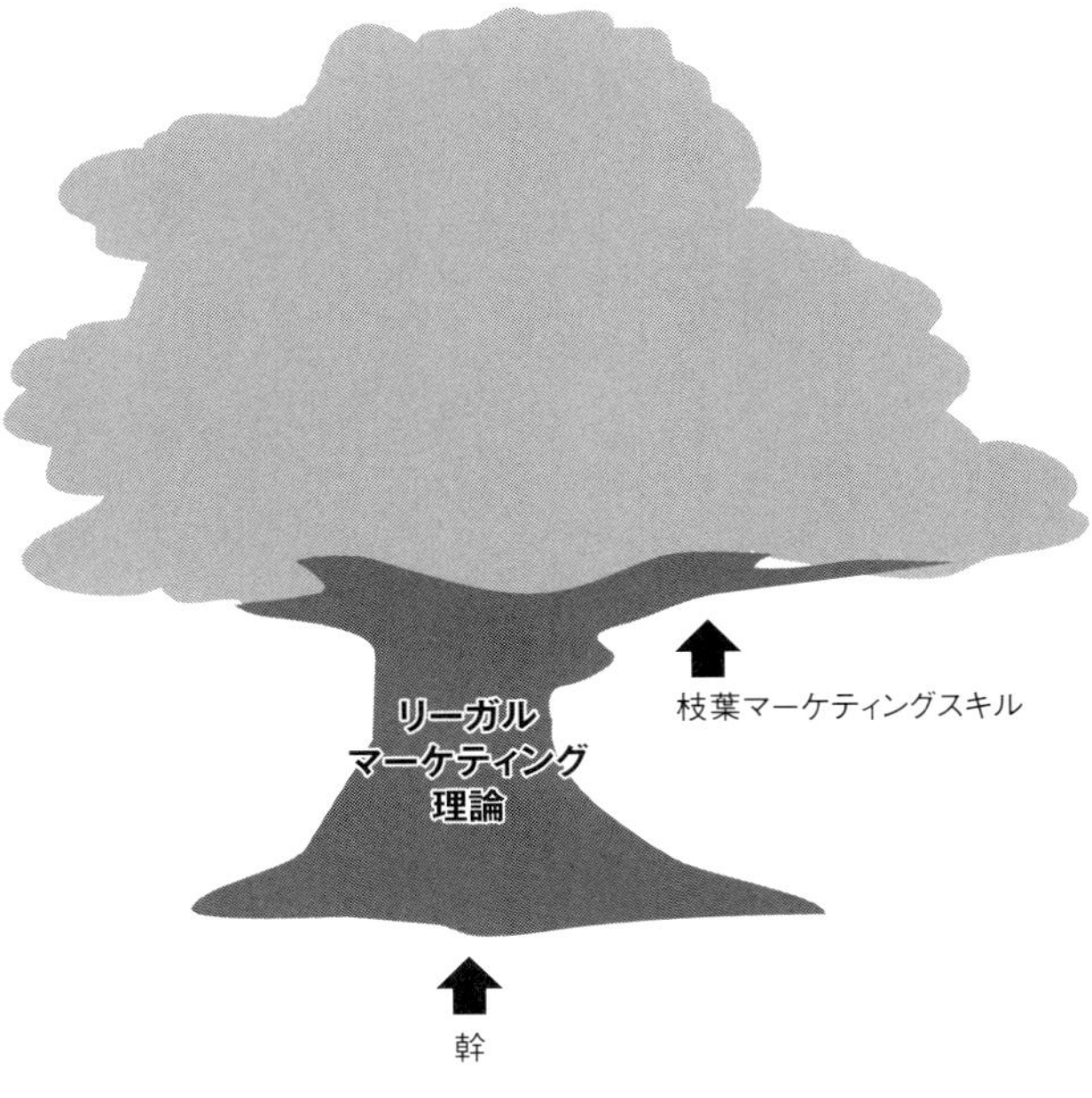

そして、ここまで本書を読んできてなんとなくわかってきたと思いますが、美健ビジネスで成功できるかどうかは知恵の勝負です。商品力も影響はしますがそれは一ファクターで最も重要なことは知恵です。私はそこを「**リーガルマーケティング理論＋細かなマーケティングスキル**」という風に体系化し、また、実践できる仕組みを作り上げています。実際に起業から展開する際も、ここに入念に力を投入する必要があります。

したがって、本書でも、第1章でこの準備段階を説明し、第2章でキックオフ後の展開を説明し、第3章で経営戦略をまとめてみたいと思います。

## 取り扱う商材によって大きく変わる？必要な予算

佐藤さんのケースは、初期投資に二〇〇〇万円投下可能というケースでしたが、『4年で30億』に書きましたように、**初期投資額は五〇〇万円～一〇〇〇万円でも可能です**。ただ、その額によって選択する戦略と成長速度が変わってきます。

二つのポイントがあります。

第一は商材です。イニシャル一〇〇〇万円以下の予算であれば機能性表示食品は困難です。普通の健康食品か化粧品を選ぶことになりますが、『4年で30億』で述べたように、化粧品をお勧めします。佐藤さんのケースでは機能性表示食品の臨床試験に一三〇〇万円要しました。化粧品でも私は臨床試験をお勧めしていますが、二〇〇万円～五〇〇万円で可能ですので、ここでざっと一〇〇〇万円違ってきます。

第二は汗です。リーガルマーケティング理論の一軸であるマーケティングに関して、消費者のニーズを掴むことがとても重要です。後述するように、私はそのために**ヤフー知恵袋を読み、モニプラでアンケートを行う**ことを勧めています。予算があればこの部分もアウトソーシングが可能ですが、予算がなければここは自分で行う必要があります。

そして、ここの出来不出来は後々に響いてきますから綿密に行ってもらう必要があります。こういう作業を、予算をかけずに自分で行うことは十分可能ですが、それをどれだけ早くどれだけ緻密に仕上げられるかは、あなた次第なのです。

また、ＥＣは誰がどこにアクセスしたとか何件クリックがあったとか、どんどん数値が上がってきます。この数値を管理し分析し、今後の方向性を決めていくのはあなたの仕事です。ここでも汗が必要です。

ですから、ここの予算を削ればその代わりにそれだけあなた自身の汗が必要となると理解してください。

**もし、あなたの予算が五〇〇万円だった場合**

仮に、あなたの予算が五〇〇万円だった場合、商材は化粧品としてその調達に六〇万円、臨床試験費用に二五〇万円、LP制作に六〇万円、その他三〇万円、当座の広告費とコンサルフィー一〇〇万円、という予算組で始めることをお勧めします。

その場合、訴求ポイントは検索ボリュームとクリック単価のギャップを自分で徹底的に調べて穴場を探すことになります。つまり、検索ボリュームが多いということは探している人が多いということで需要の高さを示しています。他方、クリック単価が安いということは競合が少ないということを意味しています。この

図表5　クリック単価は安いが検索ボリュームの多かった検索ワード

| 検索ワード | 月間検索ボリューム | クリック単価 |
|---|---|---|
| あごニキビ | 1,000～10,000 | 295円 |
| おしりニキビ | 1,000～10,000 | 307円 |
| 背中ニキビ | 10,000～100,000 | 318円 |
| おでこニキビ | 10,000～100,000 | 113円 |
| ニキビ跡 | 10,000～100,000 | 229円 |
| デリケートゾーンの黒ズミ | 10,000～100,000 | 187円 |
| 乳首の黒ズミ | 100,000～1,000,000 | 105円 |
| ワキが | 1,000～10,000 | 367円 |
| 手汗 | 1,000～10,000 | 190円 |

（注）数字は各々に対応する商品が登場した当時のものです。

両者にアンバランスがあれば――検索ボリュームは三〇〇〇件以上あるがクリック単価は数百円という感じ――そこは穴場です（調査には、グーグルキーワードプランナーやhttp://aramakijake.jp/などのツールを使います）。

これまで、そういう穴場を突いてヒットした事例については、上の表をご覧ください。対象となる訴求ポイント＝ワードは、自分でヤフー知恵袋などで調べて抽出します（ヤフー知恵袋の使い方は第1章で説明します）。

小予算で成功させるには、こういうリサーチを自ら入念に行う必要があります。

## きっちり覚えておきたいECのプロモーション指標

『4年で30億』でも『4年でビリオネア』でも書きましたが、本書でも、あらかじめ、ECのプロモーション指標について説明しておきます。

こういう指標の数値管理がリアルタイムでできていくのがECの強みです。

そして、第3章で述べますが、その強みをきっちり経営管理に反映させることができるかどうかが、成功できるかどうかの重要な試金石になります。

### □CPO（コスト・パー・オーダー）

**広告費÷本品のオーダー（受注）数**

CPOとは、一件の本品を受注するために費やした広告費のことで、広告の効率性を見るための指標です。

一般的なCPOの目標は、本品価格の一・五〜二倍です。つまり、一万円の本品であれば、CPOの目標値は一・五〜二万円です。

始めから本品をそのまま販売するケースはこの考え方でよいのですが、佐藤さんのケースでは本品を初回は五〇〇円で売りました。こういうケースは、CPOの目標値が本品価格の一・五〜二倍という基準は意味を持ちません。こういうケースは、後述のLTVと絡めてCPO&LTVとして基準を設定するとよいと思います。

なお、CPOが低いほど効率はよいことになります。CPOを下げるには、分母である受注数を上げる必要があるのはもちろんですが、分子に当たる広告費、とりわけ媒体費（テレビや雑誌、ネットなど広告を掲載してくれるメディアに支払う額）を抑えることによっても可能になります。

同じ媒体に広告を出す際は、どの代理店を通して買っても品質はまったく同じですから、徹底的に相見積もりを取ることが重要です。

**□CPR（コスト・パー・レスポンス）**

**広告費÷すべてのレスポンス数**

CPRの「R」、つまりここでいうレスポンスとは、お試しを含めたあらゆるオーダー数のことを指します。

つまり、もしお試しを行わず、一ステップで本品を購入してもらうようなビジネスを展開している場合は、ＣＰＯとＣＰＲはほぼイコールです。ＣＰＲが独自の重要な指標になるのは、お試しを駆使した二ステップを展開する場合ということになります。二ステップの場合は、お試しを獲得するのに要するコストを意味することになります。

## □ＣＰＡ（コスト・パー・アクイジション）
### 広告費÷獲得した顧客数（顧客リスト）

ＣＰＡはＷＥＢマーケティングで用いられる指標です。ＣＰＯやＣＰＲと重複する概念で、受注数ではなく顧客数から見た指標です。現在獲得している顧客リストに対してどのくらいの広告費をかけているかを計算しているのですから、一ステップの場合、ＣＰＡはＣＰＯと同じ、二ステップの場合のＣＰＡは、ＣＰＲと同じということになります。

ＥＣの広告代理店はＣＰＡを指標とすることを好みます。というのも、二ステップのケースはＣＰＡ＝ＣＰＲで、その値は通常低くなるので一見うまくいっているような錯覚を与えることができるからです。

たとえば、お試し九八〇円、本品一万円というケースでは、九八〇円がＣＰＲの基準、一万円がCPOの基準で、CPAの基準は九八〇円になります。一万円の獲得にいくら必要かよりも、九八〇円の獲得にいくら必要かのほうが基準値は下がります。

なので、こういうケースはCPAを基準とすると数値は下がります。

しかし、それでは実態が反映されないので、経営者はCPOを常に把握すべきです。

### □LTV（ライフタイム・バリュー）
### 獲得した顧客が一年間に使ってくれる金額の平均

「ライフタイム」とは「生涯」という意味ですから、LTVとは、本来的には一人の顧客が生涯にわたって自社に投下してくれる金額という意味になります。

しかし、ベンチャービジネスに関する場合には、「生涯」ではなく、一年間（初年度だけ）で見ることが多く、またそのほうが適当だと考えます。

なぜなら、ベンチャー企業にとっては一年でどれだけ回収できるかが当面の最大の勝負になるからです。初年度のLTVで勝負が決まるのです。二年目以降のLTVを把握し、考える必要が出てくるのは、当然一年目を乗り越えた企業だけです。

ある媒体で顧客がたくさん取れればCPOは下がります。しかし、その媒体から来る顧客のLTVが低ければ、その媒体の顧客の質は悪いということになります。

このように、CPOとLTVは常に連動して見ていく必要があります。

## □PDCA

数値管理の指標が理解できたら、当然それを実践することになりますが、そこで重要なのが軌道修正です。

こうした軌道修正に欠かせないのが、PDCAサイクルと呼ばれる考え方です。

PDCAとは、それぞれ次の意味を持っています。

P＝PLAN（実績や予測をもとに計画する、仮説を立てる）
D＝DO（仮説を実行する）
C＝CHECK（結果が仮説とどう違うかを点検、分析、確認する）
A＝ACT（うまくいかなかった部分を改善する）

たとえば、化粧品のバナー広告を三パターン考えて、テストしたとします。

WEBですから結果は如実にわかります。よい広告はよりクリックされるからです。最も反応がよかったバナーがAだとすれば、それをさらにブラッシュアップした「Aダッシュ」で、大きく展開を仕掛けるのです。

こうして文字に起こせば、PDCAサイクルはとてもシンプルな手法です。しかし、これを常に守り続けることができるかというと、意外に大変です。常に数値を把握し、それに基づいた軌道修正を行う勤勉さが求められるのです。

「薬事法」という表記について

現在は、「薬機法」という名称に代わっていますが、本書では、我々が慣れ親しんでいる「薬事法」という名称を使わせていただきます。

第1章

# 美健ECの準備段階

## 会社設立～商品販売までを勝ち切るエッセンス

第一ステージ（その一）

# 会社設立・商品企画

## 会社を設立する前に知っておきたいこと

佐藤さんのケースは、会社を立ち上げるところから始まりました。

ただ、すでに会社をお持ちの方も多いでしょうし、会社設立ノウハウ本は世間にもたくさんありますから、このＰＨＡＳＥの説明は要点のみにとどめます。

会社設立手続きは、司法書士に依頼してもよいのですが、設立手続きをサポートするサイト「会社設立ひとりでできるもん」（https://www.hitodeki.com/）などを使うことで、簡単に立ち上げることができます。若干設立費用などが高くなりますが、顧客に対する信用という点では、合同会社よりも株式会社にしておいたほうがよいでしょう。

電話代行・受付機能などを備えたレンタルオフィスやシェアオフィスはたった一人ないし少人数の会社には便利です。ただ、創業のための費用を借り入れる場合、金融機関によってはレンタルオフィスを本店所在地としていると、融資の審査が通らない場合があります。そういう場合は自宅を事務所にしましょう。

金融機関との取引口座開設などで、会社のホームページなどが求められることがあります。ただ、お金をかけてホームページを準備する必要はなく、自分で十分作れます（図表6 https://ferret-plus.com/524）。

会社を設立すると、ＪＣＢなどから法人カードのオファーが来る場合があります。

図表6　ホームページ作成ツール比較

| ツール名 | 月額 | 容量 | 広告 | 商用 | 独自ドメイン |
|---|---|---|---|---|---|
| AmebaOwnd | 無料 | 無制限 | 無 | ○ | ○ |
| Jimdo | 無料 | 500MB | 有 | ○ | × |
| WIX | 無料 | 500MB | 有 | ○ | × |
| BiND クラウド | 無料（1年目のみ） | 1GB | — | ○ | × |
| FC2ホームページ | 無料 | 1GB | 無 | ○ | ○ |
| 忍者ホームページ | 無料 | 500MB | 有 | ○ | ○ |
| CLOUD LINE | 無料 | 500MB | 有 | ○ | × |
| WEBCROW | 無料 | 1GB | 無 | ○ | ○ |
| Zoho Sites | 無料 | 無制限 | 有 | ○ | ○ |
| Google Sites | 無料 | 100MB | 無 | ○ | × |
| Weebly | 無料 | 500MB | — | ○ | ○ |
| Strikingly | 無料 | 5GB | 有 | — | × |
| Yahoo ジオシティーズ | 無料 | 100MB | 有 | × | × |

支払いサイトの延長などキャッシュフローの改善にも有益なので（後述。第3章）、作っておく価値はあると思います。

## どう考えればいい？ 商品企画

商品企画は、非常に重要なところなので、サポートを受けるべきポイントです。

**規制・競合・リソース**の三軸で考えます。リソースとして、新規参入・少人数であれば商材は化粧品がよいと『4年で30億』には書いていますす。それはその通りなのですが、佐藤さんのケースは、イニシャルに二〇〇〇万円投入できることと、佐藤さん夫婦がとても優秀な方だったので、あえて

機能性表示を勧めました。

「はじめに」で述べたように、今この商品の権利には一億円近い値付けがされていることを考えると、私のチョイスは間違いではなかったと思います。

ここの考え方をもう少し詳しく説明しましょう。

## 規制と競合の壁を打ち破る戦略とは

化粧品と健康食品を比べた場合、健康食品のほうが規制が厳しいのが現状です。

たとえば、景表法違反のペナルティとして、措置命令と課徴金がありますが、その発令状況は図表7の通りです。

措置命令は、健康食品三四件に対し化粧品一件、課徴金は健康食品二件に対し（しかも二件目は九社が対象）化粧品ゼロ件。

そして、リーガルマーケティングの見地からは、原則論としては、規制が緩いほうを選択すべきです。

つまり、前述のように、化粧品よりも健康食品のほうが景表法違反のリスクが高いわけですから、そのリスク対策の費用は当然健康食品のほうが高くなります。

ただ、この考え方と実践はそんなに高度なものではないので、私の本やメルマガを読んでいる人、あるいはそういう人から伝聞した人は、化粧品を選択します。

次に考えなければならないのが、「競合」です。

規制が緩いから化粧品を選択するというだけでは、多くの競合に埋もれてしまいます。

規制が緩いからリスク対策費が下がったとしても、今度は多くの競合との競争で、たとえば価格競争に陥ってしまいます。

そこで私は打ち勝つ戦略を用意しています。

『4年で30億』のモデルとなった美容液の例では、「医学雑誌に掲載された第一位の美容液」というコ

図表7　2017年2月〜2018年1月の措置命令・課徴金

| | 全体 | 健食 | 化粧品 |
|---|---|---|---|
| 措置命令 | 34件<br>↑<br>2016年<br>11件から<br>大幅UP | ①日本サプリメント<br>②水素（メロディアンハーモニー他）<br>③だいにち堂<br>④ミーロード<br>⑤ティーライフ<br>⑥葛の花（16社） | ①Xena |
| 課徴金 | | ①日本サプリメント<br>②葛の花（9社） | — |

ピーがそれでした。このそれまで誰も思いつかなかったコピーを可能にしたことで、ノーブランドでありながら一万二〇〇〇円の高額美容液がどんどん売れるようになったのです。

ただ、この手法は他社が真似できないわけではありません。

実際、私がこれを思いついたのが二〇一三年のことでしたが、それから約四年経って真似が出てくるようになりました。ただ、まだ少数なので、今でもこの手法は十分いけるのですが、佐藤さんのケースはイニシャル二〇〇〇万円と余裕があったので、真似が不可能な企画を採用することにしました。

それが機能性表示のカテゴリーXなのです。

## 勝利をより確実なものにする、機能性表示のカテゴリーX

健康食品は薬機法の規制により一切効果が言えません。

他方、機能性表示は、エビデンスがあれば一般食品・健康食品でも効果が言える制度として二〇一五年四月にスタートしました。

制度としては、届出に対して「形式審査」を行い、問題なければ「受理」するというデザインですが、実際にはとても細かく「審査」しており、「許可」に近い運用が行われています。

特に、健康食品に対しては厳しく、二〇一八年二月上旬時点で、受理件数は一三一〇件ですが、そのうち健康食品は六三一件、四八％にとどまります。

このように、機能性表示は健康食品に対するハードルが高いので、一般の健康食品のプレーヤーが簡単に参入できるわけではありません。

そういう意味ではこのハードルを超えてしまえば、一般健食のような激烈な競争から抜け出した世界で戦えることになります。

ただ、勝利を確実にするにはもうひとひねり必要です。

機能性表示として認められるためにはエビデンスが必要ですが、そのエビデンスには、RCT（臨床試験）とSR（システマティックレビュー＝総合的な試験論文調査）があります。

このうち、SRは機能性関与成分と呼ばれる有効成分に対して行われるものなので、その成分を使うところであれば、どこでもその機能性表示ができます（図表8）。

たとえば、葛の花由来イソフラボンという成分がありますが、その成分を用いた試験論文を調べて「本品には、葛の花由来イソフラボン（テクトリゲニン類として）が含まれます。葛の花由来イソフラボン（テクトリゲニン類として）には、肥満気味な方の、体重やお腹の脂肪（内臓脂肪と皮下脂肪）やウエスト周囲径を減らすのを助ける機能があることが報告されています。肥満気味な方、BMIが高めの方、お腹の脂肪が気になる方、ウエスト周囲径が気になる方に適した食品です」という表示のエビデンスを作れば、この成分を使う商品はどこでも同様の表現で届出が可能になります。つまり、SRはヨコ転（使い回し）が可能なのです。

実際、二〇一八年二月上旬現在で、このパタ

図表8　機能性表示食品制度の構造

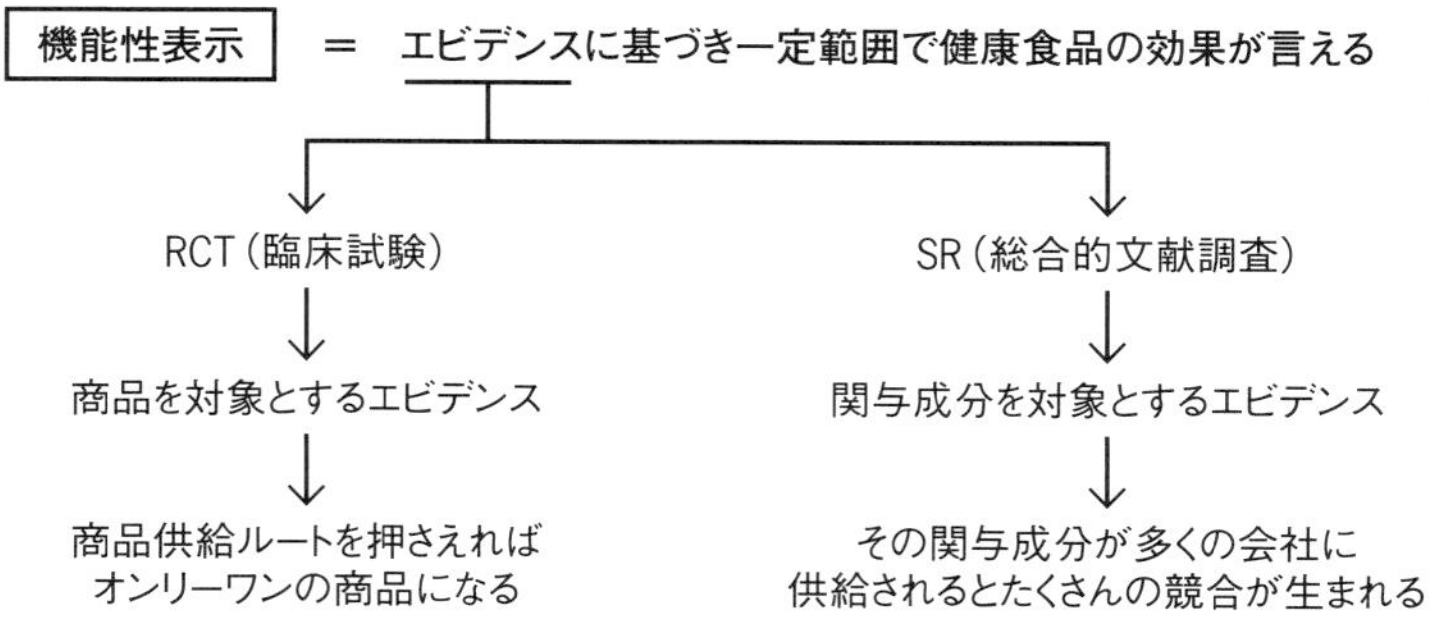

ーンで受理されている葛の花由来イソフラボン商品は三五件に上ります（図表9）。

こうなると価格競争に陥ってしまいます。

他方、RCTだと、その商品を使った臨床試験なので、その商品にしか使えません。そして、その商品は私とメーカーさんで企画したもので、商品供給ルートを押さえていますので、同一の商品が他から出てくるということはありません。要は、オンリーワンなのです。

**これが機能性表示のカテゴリーX**で、これなら真似は出てきません。

それゆえ、この権利に対して一億円という価格が付くのです。

ただ、その代わり、機能性表示の受理まで期間にして約一年、**費用にして一〇〇〇万円～一五〇〇万円くらいのコスト**がかかります（佐藤さんのケースは一三〇〇万円くらいを要しました）。

## ダイエット系のカテゴリーX

佐藤さんのケースで、私が企画したのは**ダイエット系の商品**でしたが、もちろんこ

図表9　葛の花由来イソフラボンの機能性表示食品

| | | |
|---|---|---|
| C313 | 葛の花タブレットR | 株式会社東洋新薬 |
| C304 | ルックウェイト | 株式会社ネイチャーシード |
| C191 | 飲む体脂肪サポートアサイースムージー | リブ・ラボラトリーズ株式会社 |
| C190 | 飲む体脂肪サポートグリーンスムージー | リブ・ラボラトリーズ株式会社 |
| B585 | グリーン減脂サポート | 株式会社全日本通販 |
| B543 | えがお　葛の花　内脂減 | 株式会社えがお |
| B381 | 葛の花イソフラボン青汁 | 株式会社CDグローバル |
| B342 | シェイプライフ青汁 | 株式会社ミル総本社 |
| B296 | 体脂減 | 株式会社リーフ |
| B282 | 葛の花イソフラボン　ウエストサポート茶 | 株式会社太田胃散 |
| B229 | メタバリア　葛の花イソフラボン | 富士フイルム株式会社 |
| B222 | イソフラスルー | 株式会社はぴねすくらぶ |
| B210 | ウエストシェイプ | 葛の花由来イソフラボン（テクトリゲニン類として） |
| B84 | onaka（おなか） | ピルボックスジャパン株式会社 |
| B52 | 葛の花イソフラボン　貴妃 | 株式会社太田胃散 |
| A277 | 葛の花プレミアム青汁 | 株式会社スギ薬局 |
| A257 | 雑穀ダイエット | 株式会社東洋新薬 |
| A241 | 葛の花イソフラボン配合　大麦若葉青汁 | イオントップバリュ株式会社 |
| A240 | 葛の花由来イソフラボン入り　きょうの青汁 | 株式会社やまちや |
| A219 | ウェイトケア | 株式会社銀座・トマト |
| A211 | 青汁ダイエットン | ありがとう通販株式会社 |
| A201 | 肥満気味な方の青汁T | 株式会社東洋新薬 |
| A200 | お腹の脂肪が気になる方の青汁T | 株式会社東洋新薬 |
| A199 | 葛の花サプリメント | 株式会社テレビショッピング研究所 |
| A198 | 葛の花ウエストケアスムージー | 株式会社スギ薬局 |
| A197 | 葛の花ウエストケアタブレット | 株式会社スギ薬局 |
| A187 | ウエストサポートスムージー | 株式会社東洋新薬 |
| A176 | 飲む体脂肪ケアグリーンスムージー | 株式会社東洋新薬 |
| A163 | お腹の脂肪に葛の花イソフラボンスリム | 日本第一製薬株式会社 |
| A162 | 葛の花ヘルスリム27 | Nalelu合同会社 |
| A142 | 葛の花減脂粒 | 株式会社全日本通教 |
| A137 | 葛の花配合大麦青汁T | 株式会社東洋新薬 |
| A129 | 葛の花緑茶T | 株式会社東洋新薬 |
| A126 | 葛花パウダーT | 株式会社東洋新薬 |
| A119 | 葛の花スムージーT | 株式会社東洋新薬 |

れには理由があります。

健康食品の中には継続性が期待できるものとそうでないものがあります。痩せさせる効果が期待できる商材は後者です。

消費者はこういう商材にははっきりした結果を求めます。

結果が出れば原則それでやめますし、結果が出なければやはりやめます。

これがカロリーカット系の商品だと「食事の前に必ず飲む」という感じで飲み続けることが期待できますが、痩せさせる系はそうではないのです。

一般的にいえば、継続性が期待できたほうがＬＴＶが上がってよいのですが、それ

を実現するにはそれなりの施策――DMやコールなど――を打つ必要があります。

佐藤さんのケースは、なにせ一人の会社でしたので、いかにアウトソースを駆使するといっても限界があり、こういう施策を展開する余裕がありませんでしたので、CRM（Customer Relationship Management）にあまり手をかける必要のない、痩せる効果が期待できるダイエット系の商品を選定することにしました。

## 看過できないアフィリエイトの威力

美健ECにとって看過できないのがアフィリエイトの威力です。

アフィリエイトとは、特定の広告主のためにサイトを立ち上げ、そこに集客してそこから広告主のLP（ランディングページ＝特定の商品の販売のために作ったウェブサイト）に見込み客を送り込むサービスです。

通常、送り込んだ客が商品注文に至れば(これをCV＝コンバージョンと言います)、報酬を払います。

つまり、成果報酬なので広告主にとっては無駄な費用がなく有益です（図表10）。

図表10　成果報酬だからイニシャルコストがあまりかからないアフィリエイト

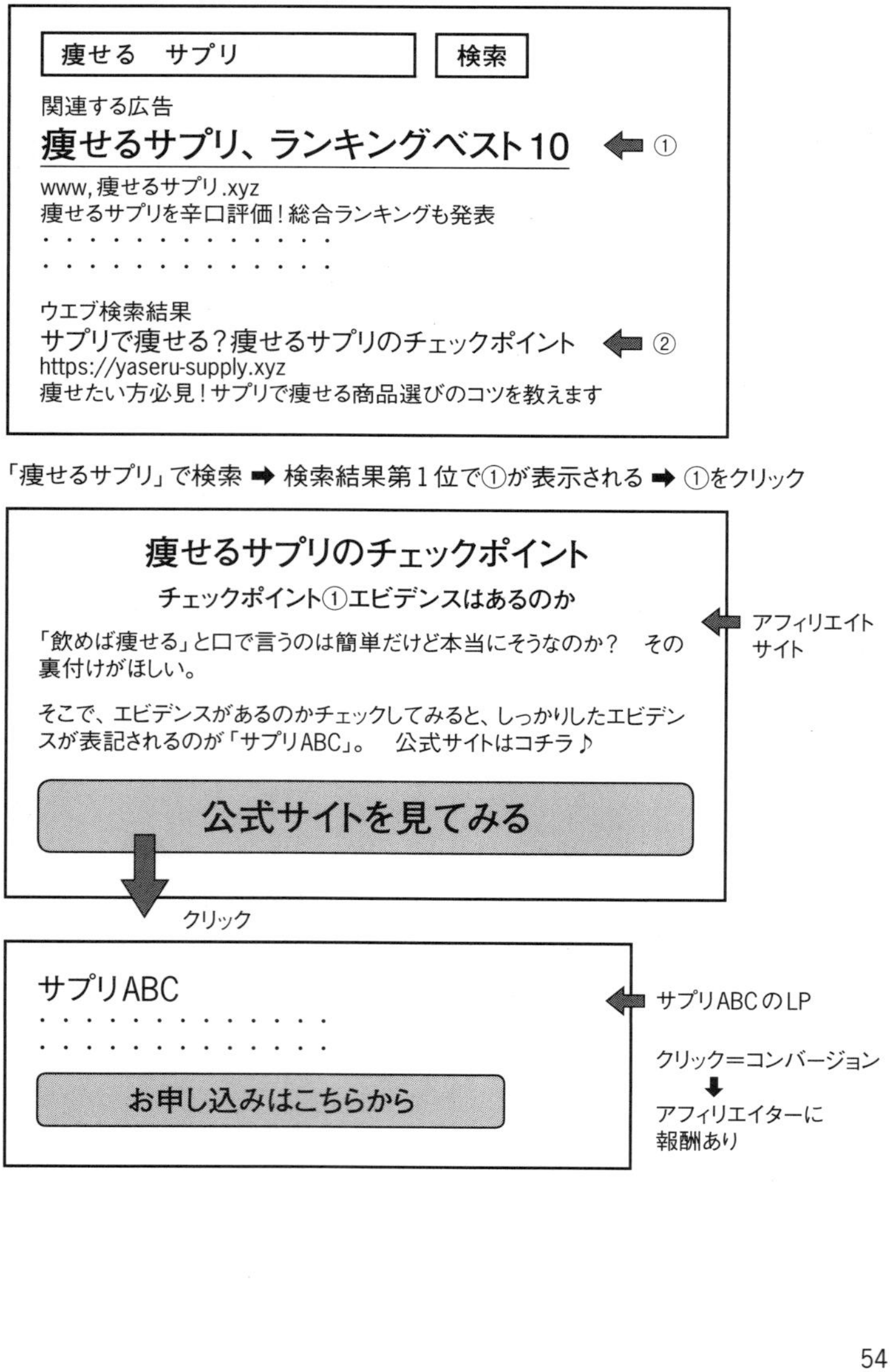
痩せる　サプリ
検索
関連する広告
痩せるサプリ、ランキングベスト10
①
www,痩せるサプリ.xyz
痩せるサプリを辛口評価！総合ランキングも発表
ウエブ検索結果
サプリで痩せる？痩せるサプリのチェックポイント
②
https://yaseru-supply.xyz
痩せたい方必見！サプリで痩せる商品選びのコツを教えます
「痩せるサプリ」で検索 ➡ 検索結果第１位で①が表示される ➡ ①をクリック
痩せるサプリのチェックポイント
チェックポイント①エビデンスはあるのか
「飲めば痩せる」と口で言うのは簡単だけど本当にそうなのか？　その裏付けがほしい。
そこで、エビデンスがあるのかチェックしてみると、しっかりしたエビデンスが表記されるのが「サプリABC」。　公式サイトはコチラ♪
公式サイトを見てみる
アフィリエイトサイト
クリック
サプリABC
お申し込みはこちらから
サプリABCのLP
クリック＝コンバージョン
アフィリエイターに報酬あり

しかも、アフィリエイター（アフィリエイトサイトの運営者）の中にはWEBの達人みたいな人が多く、彼らのサイトが検索で上位を占めることが珍しくありません。

インターネットの普及にともない、「検索」という消費者行動がどんどん増え、検索で上位を占めることが顧客を獲得する重要な要素になっていることは言うまでもないでしょう。

その観点からアフィリエイトは看過できない威力があるのです。

特に、ECの新規参入者は自分で不慣れなWEBマーケティングをいろいろ展開するよりもアフィリエイトをうまく使ったほうが合理的です（Column1「SEO型アフィリエイト」参照）。

**Column 1**

## SEO型アフィリエイト

たとえば、「痩せるサプリ」という検索に対して
一つは、記事表示で上位を占めることを狙うもの。
もう一つは、リスティング広告で上位を占めることを狙うもの。

図表10の図の①が後者、②が前者。
前者はSEO型アフィリエイト（SEO＝サーチエンジンオプティマイゼーション＝検索で上位表示させるようにすること）と言えます。

リスティング広告は自社でもお金を出せばできますが、SEOでの上位表示はスキルを要するのでアウトソースしたほうが効率的です。
そこでアフィリエイトはSEO型アフィリエイトが望ましいと言えます。

## アフィリエイターが機能性表示健食を選別するワケ

前述したようにアフィリエイトは、通常成果報酬なので、広告主のLPに送り込んでそこでコンバージョンしそうな案件でなければ有力アフィリエイターは付きません。

そして、現在、**アフィリエイターは機能性表示健食を選別する傾向があります。**

図表11をご覧ください。

これは私のクライアントであるECスタジオさんが販売している健康食品のリストですが、その多くを機能性表示健食が占めています。

ECスタジオさんは、その名が示す通りもっぱらECで売上を上げているWEBマーケティングの達人ですが、彼らは一般健食よりも機能性表示健食のほうがアフィリエイターが付きやすいと判断して、機能性表示健食のラインを強化しているのです。

では、なぜ、機能性表示健食にアフィリエイターが強いのでしょうか?

それは皆様方の検索行動に大きく関係しています。

つまり、一般消費者の検索行動において重要な比重を占めるのが**比較**です。

「**サプリをのんで細くなりたい。どのサプリが有効なのだろうか?**」といった問題意識で、検索が行われるケースが頻繁に発生します。

アフィリエイターはその検索を拾えるように、アフィリエイトサイトを作ります。つまり、**比較サイトやランキングサイトがアフィリエイトサイトの常道**となっています。

そして、以前は、報酬をもらう広告主の商品を一位としていても消費者も大して疑問を持たなかったのですが、段々消費者の目も肥えてきて一位にするにはそれなりの理由がないと消費者も「ただのやらせ」と認識するようになってきました。そうなるとサイトも低く評価され、広告主のＬＰに送り込むことができません。

図表11　ECスタジオが販売する健康食品リスト

| 商品名 | 種類 |
|---|---|
| イージースムージー　グリーン | 機能性表示食品 |
| イージースムージー　アサイー | 機能性表示食品 |
| GOOD Night（グッドナイト）　27000 | 機能性表示食品 |
| Bifirigo（ビフィリゴ）10000 | 機能性表示食品 |
| リピアミューズ　モイストタブレット | 機能性表示食品 |
| イージータブレット　ターミナリア | 機能性表示食品 |
| HMB（エイチエムビー）TABLET（タブレット）36000 | 機能性表示食品 |
| メグリス リコピンプラス | 健康食品 |
| カロリナ酵素プラス | 健康食品 |
| リピアミューズ　ホワイトガード | 健康食品 |

そこで意味を持つのが「**機能性表示を取得しているから**」というロジックです。

この「国が認めた」的なロジック（正確には国が認めたわけではありませんが実態はそれに近いものです）は、ランキングの根拠として消費者には説得力があります。

そういうわけで有力アフィリエイターは、一般健食よりも機能性表示健食を選別するトレンドに変化してきているのです。

## 失敗しやすい!? 間違った商品企画のパターンとは

以上のように、商品企画は規制の状況とマーケットの状況を睨みながら行うべきもので、ここで間違ってしまうと、できの悪い商品を販売することになり後が大変です。

その間違いのケースを二つご紹介しましょう。

一つは**安いから選ぶ**（安い価格で商品供給が可能）という選択。

安くても売れなければなんの意味もありません。

もう一つは女性が化粧品会社を始めるケースによくありがちなのが、**自分がほしかった化粧品を販売する**というパターン。そういう女性の視点とマーケットやアフィリエイターの視点が異なることは珍しくありません。「売りたいものを売る」のではなく「売れるものを売る」という視角が重要です。

私のクライアントで、化粧品のECで年商五〇億円に至っているB社の男性社長は、彼が起業した時に化粧品はニベアしか知らなかったそうですが、それでよいのです（図表12）。

いずれにせよ、商品企画は規制状況・マーケットの状況、あなたのリソースを睨みながら、ベストの商品を提供できるよう、お手伝いさせていただきます（商品供給メーカーをご紹介します）。直接、メーカーにアプローチしたい方は、三生医薬や三協医薬などにコンタクトするとよいでしょう。

図表12　商品企画の行い方

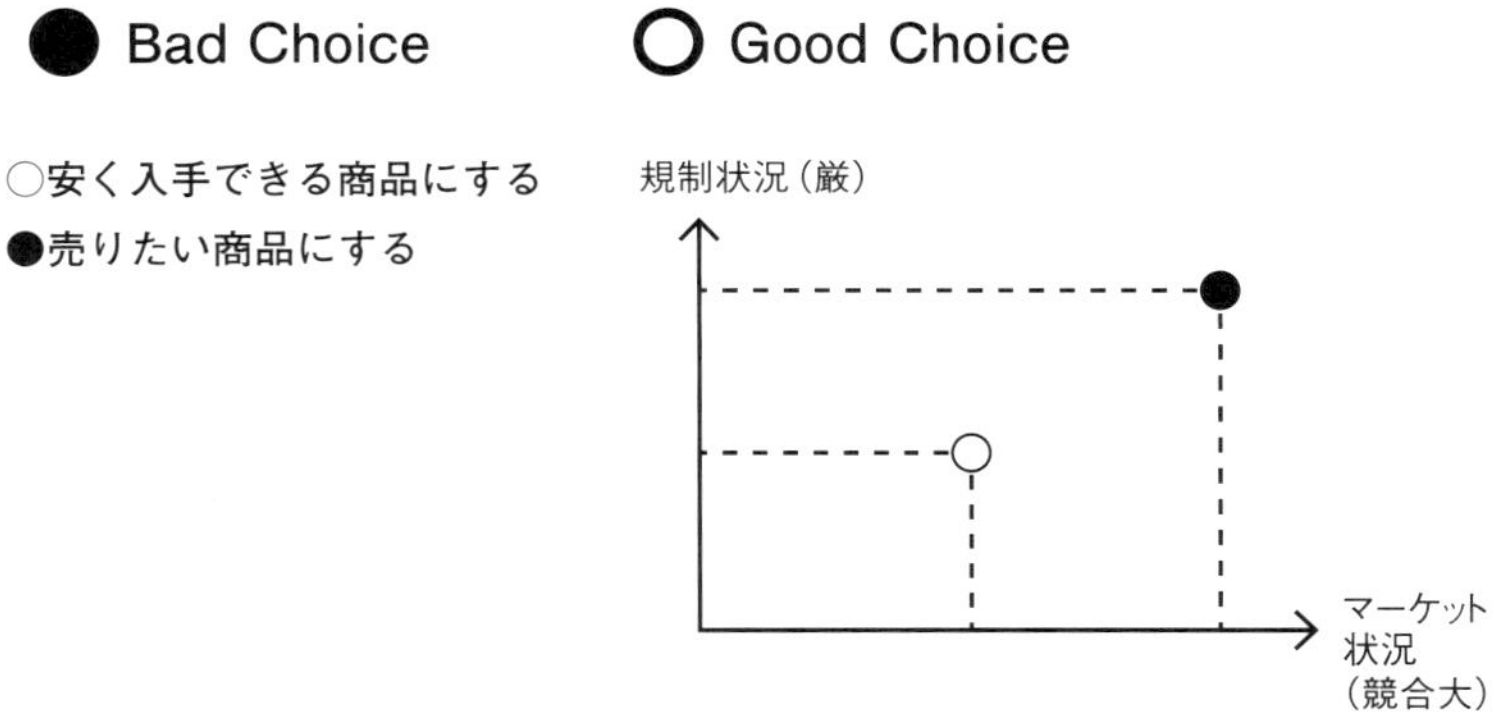
Bad Choice
Good Choice
○安く入手できる商品にする
●売りたい商品にする
規制状況（厳）
マーケット状況（競合大）

第一ステージ（その二）

# 入口設計

## 商品企画・製造と並行して行うこと

第一ステージの商品企画は、こちらが考えたプランを皆様に説明してからＯＥＭメーカー（健康食品や化粧品を影武者として作ってくれるメーカー）に発注します。

価格は単価三〇〇円くらいのものから一五〇〇円くらいのものまでさまざまです。

この商品企画・製造を進めつつ準備すべきことが他に四つあります。

**入口設計とＬＰ制作とフルフィル（インフラ）整備とＣＲＭ施策**です。ＣＲＭとは、簡単に言えば、顧客ができるだけ離脱せず、ＬＴＶが高くなるようにコミュニケーションを図る手法です。

まず、入口設計から始めましょう。

## 入口設計　―より多くのレスポンスを得るために―

ＥＣは消費者からのレスポンスがなければ何も始まりません。消費者からのアプローチがあり、メールアドレスを取得できればいろいろ打つ手が出てきますので、いかにしてそこに至るかを入念に検討しなければなりません。それが入口設計です。始めに何を消費者に購入してもらうのか――本品なのかお試しなのか――、その価格をどうするのか、定期コースはどうするのか、といった問題です。

ここは次の手順で考えていきます。

1．まず、通常価格を決めます。『4年で30億』で説明しましたように、ここは商品**原価の5倍くらい**で考えます。

商品原価が@七〇〇円だとすると、通常価格は三五〇〇円以上です。

佐藤さんのケースでは商品力のある機能性表示サプリでしたので、定価を強気に五

○○○円という価格を設定しました。

2．次に、入口の価格を考えます。理論的には通常価格を入口価格にすることも考えられますが、実際には相当ブランド力がなければ誰も相手にしてくれません。大半のケースは無料〜二〇〇〇円です。ここでもう一つ考えなければならないことがあります。それは物の問題です。**本品そのものを入口にするのか、入口用にミニサイズ（お試し、トライアルなどと呼ばれます）を用意するか**です。

資本力があれば、ミニサイズを作って無料とする、無料サンプル施策がお勧めですが、新規起業のケースであればミニサイズは作らないほうがよいでしょう。別途費用がかかり在庫を抱えることになるからです。そうすると、本品を安くして入口に置くべきことになります。

3．そこで、始めから本品を買ってもらうことにして、その価格をどうするかが次の問題です。ここは定期コースの設計と絡んできます。美健ＥＣでは、商品が定期的に——通常は毎月——送られてくる定期コースを採用しています。ＬＴＶを上げるためです。

さらに、そのLTVアップを確実にするために、定期縛りが多くのケースで採用されています。三回の購入を約束（コミット）する、四回の購入をコミットするというケースが多いのですが、九回の購入をコミットするというケースもあります。

販売プレーヤーからすれば、定期縛りはLTVが大体読めるので楽です。

たとえば、佐藤さんのケースでは、本品が初回五〇〇円で、その購入は定期契約につながり、しかもそれは初回も含めて四回の購入をコミットするという定期縛りでしたから、理論上のLTVは五〇〇円＋五〇〇〇円×三＝一万五五〇〇円となります。

実際には、そうコミットしてもやめる人が一〇%出てくるので、それを踏まえると一万四〇〇〇円。これで最終一万四〇〇〇円のLTVは確保できると読むことができます。

CPOをLTVの六〇%まで許容したとすると、CPO八四〇〇円。

つまり、本品を購入してもらうのにかけてよい広告費は八四〇〇円。

これは十分に達成可能な数字です（第一ステージ（その五）：CRMも参照）。

そこで、佐藤さんのケースでは、

**1．ミニサイズは作らず、始めから本品にする**

**2．本品の初回価格を五〇〇円にし、二回目以降は五〇〇〇円とし、四回の定期縛りとする**

**3．CPO（始めから本品なのでCPO＝CPA）八〇〇〇円目標で広告展開する**

ということを決定し、後述するように実際にもスタート後半年くらいでCPO（CPA）は八四〇〇円くらいに、機能性表示受理後は八〇〇〇円くらいに収まってきました。

このような入口設計は、図表14のようにLPでは示すことになります。

図表13　佐藤さんが取り扱う商品の理論上のLTV

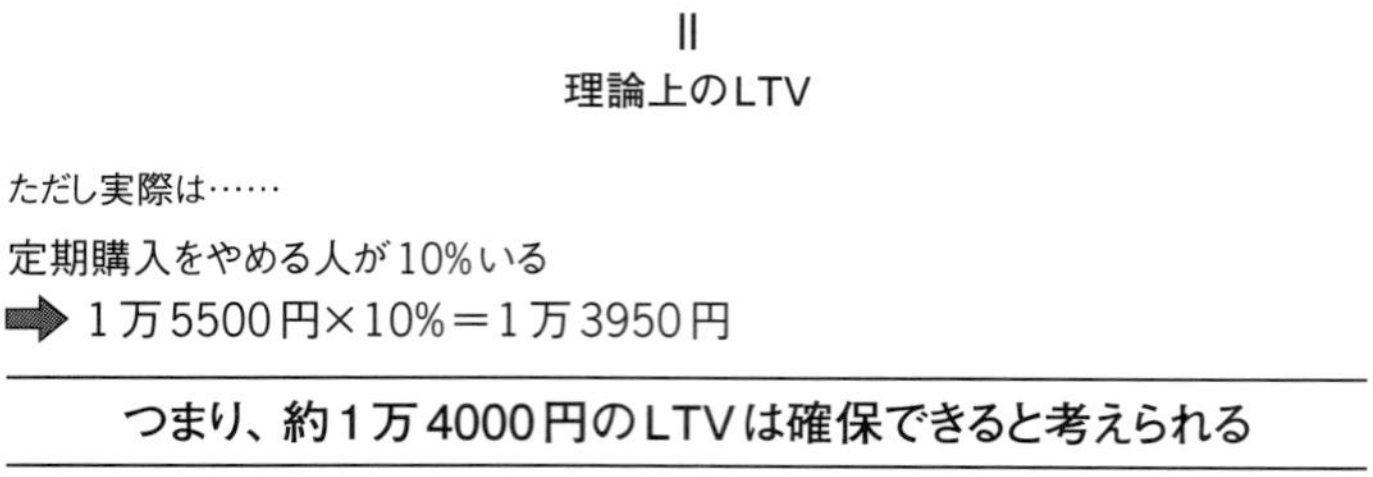

図表14　より多くのレスポンスを得るためのLP例

## 定期コースに対する規制の変化にどう対応すべきか?

二〇一七年までであれば、私は新規起業のケースでは以上のような入口設計をお勧めしていました。

ところが、その後、状況が大きく変わってきました。

二〇一七年一二月一日から改正特定商取引法が施行され、定期縛りの総額表示が義務付けられました。

佐藤さんのケースであれば、結局一万五五〇〇円を払うことになることを、申し込み画面で明確に見せることが義務付けられたのです。

このこと自体は当然のことだと思いますが、その施行前に、メディアが定期縛りについて、かなりネガティブキャンペーンを展開しました。

つまり、一部の業者は、定期縛りがあることをわざとわかりにくくしておいて、それを知らずに初回を安く購入した消費者には、二回目以降が自動的に送られてくるので、それを解約しようと電話するといつも話し中で電話がかからないとか、電話が通じてもそういう契約になっているのだから解約は不可と強く拒絶されたりと、悪質なケースが何度も報道されたのです。そのため、「定期縛り」に対する消費者のイメージがとても悪くなり、「定期縛り」にしていると購入件数が落ちるという現象が生じるようになったのです。

そこで、定期縛りをやめたケースもあります。それによって、ＬＴＶは落ちたものの新規獲得は増え、結果的に売上減少を食い止めたケースもあれば、ＬＴＶが落ちただけに終わっているケースもあります。

ここのジャッジはなかなか難しいところですが、コールセンターのスキルや商品力で決めるべきと考えています。

つまり、コールセンターのスキルが高いのであれば定期縛りはやめ、①購入により自動的に定期コースになるもののいつでも解約できる、②解約は電話に限る（この限定は特商法違反ではありません）、③解約の電話で説得して思いとどまらせる、というフローを確立するのがよいと思います。これによって、新規獲得もＬＴＶも減少を食い止めることができます。

しかし、自前のコールセンターを持っていないなど、コールセンターのスキルがそれほど高くない場合は、定期縛りを採用したほうがよいと思います。

佐藤さんのケースは自前のコールセンターは持っていませんし、商品力があるので新規獲得もそれほど減らないだろうと考えて、定期縛りネガティブキャンペーンが展開されても定期縛りは変更しませんでした。結果的にはネガティブキャンペーンの影響で顕著に新規獲得が減ることはなく、このジャッジで正しかったと思います。

以上のようなジャッジを経て、初回及び二回目以降のプライシングをどうするか、ミニサイズを作るかどうか、定期を採用するか、縛りをどうするかなどが決まります。マーケティングスキルだけでなく、法規制も絡み、リーガルマーケティングが必要な分野です。

第一ステージ（その三）

# LP制作

## マーケティングの要「LP制作」

ECにおいてはLPがマーケティングの要《かなめ》になります。LPとは、ランディングページの略で、商材ごとのWEBページのことです。たとえば、WEBである商材の広告を見た人が、その広告をクリックすると、LPに誘導されます。アフィリエイトサイトも同様です。LPの重要性については『4年で30億』で詳しく説明しましたが、すべてのプロモーションはLPに通じるのです。

また、『4年でビリオネア』では、（イ）ELM理論（エビデンスリーガルマーケティング理論。リーガルマーケティングにエビデンスを付加した考え方）に基づき、①効果を訴求し、②メディカルコンテンツを投入し、③ティーアップも投入すべきこと、

（ロ）ＭＲ理論（マーケットリサーチ理論）に基づき、①ターゲット層のペルソナを決め、②共感が得られる体験談を収集すること、を説いています。

重複する部分もありますが、新しい情報も加えながら説明していきましょう。

## ＬＰには医学雑誌、医師などのメディカルコンテンツが有効

ＬＰにおいて強い引きになるのが、「医学雑誌」「医師」などのメディカルコンテンツです。

その威力も美容液の例を挙げて『4年で30億』で説明しています。

私は皆様をコンサルする際に、こういうメディカルコンテンツを提供できる仕組みを作っています。

まず前提として臨床試験が必要です。これは薬事法ドットコム関連の日本臨床試験協会（ＪＡＣＴＡ）でできるようになっています。

その臨床試験を論文にまとめて医学雑誌に掲載すれば、「医学雑誌掲載」が謳えるようになります。

医学雑誌は通常、査読といって掲載に当たり審査がありますが、我々も執筆レベルを磨いていますのでこのハードルはクリアーできます（私自身、ハーバード大メディカルスクールのオンラインコース＝通信教育で医学を学び単位を取得しました）。ただ、もう一つ壁があります。それは**法規制**です。

健康食品は効果が言えないという規制なので、「臨床試験実施済み」とか「医学雑誌掲載」までは言えますが、どういう結果だったということは言えません。たとえば、「便通改善効果が証明済」というようなことは言えません（図表17）。

次に、化粧品は五六項目の範囲で効能効果を表現できるが、それ以外は言えないというのが**薬機法（医薬品医療機器等法）**規制です。

それに加えて**医薬品等適正広告基準という規制**があり（この基準は、医薬品・医薬部外品・化粧品・医療機器をカバーします）、その三―五において効能効果等または安全性を保証する表現を禁止しています。五六の範囲内であっても保証に該当するとNGです。そしてその解説は、「臨床試験の結果を示すことは保証に当たる」としています。ですので、健康食品と同様に、「臨床試験実施済み」とか「医学雑誌掲載」**までは言えますが（ただしギリギリ）、どういう結果だったということは言えません。**

他方、機能性表示健食は認められた機能性を表現しても薬機法には違反しませんし、医薬品等適正広告基準もカバーしません。

そこで、「便通改善」が認められた機能性で、そのエビデンスがRCT（臨床試験）ならば、「便通改善に関して臨床試験実施済み」とか「便通改善効果で医学雑誌掲載」といった表現が可能です。

## 扱う商材によって「医師」の使い方も異なる

「医師」をどう使えるかも、商品によって規制が異なります。

まず、化粧品に関しては、医薬品等適正広告基準の一〇において「医薬関係者等の推せん、医薬関係者、理容師、美容師、病院、診療所、薬局、その他医薬品等の効能効果等に関し、世人の認識に相当の影響を与える公務所、学校又は学会を含む団体が指定し、公認し、推せんし、指導し、又は選用している等の広告を行ってはならない。」と規定しており、「推薦」や「選用」（うちの病院で使っています）の表現はできません。他方、「医師が開発」「医師が監修」といった表現は基準（一〇）にはない表現なので可能と考えられます。

次に、健康食品には適正広告基準がありませんので、「推薦」の表現も可能です。

また、機能性表示については、自主ルールですが、自主広告基準があります。

そこでは、「医療関係者、大学教授など権威のある者による感想文や推薦文で、効果を保証するような内容を記載したもの」は不可とされているので、「推薦」の表現は不可です。

ところで、薬事法ドットコムでは、メディカルコンテンツとして図表15のようなドクターマークを提供していますが、以上に述べたような規制の違いに基づき、表現を変えています。

つまり、健康食品であれば、「九二％の医師が推薦」といった表現が可能ですが、機能性表示や化粧品ではこれは不可です。そこで代わりに、「九二％の医師が使い続けたいと回答」と使用継続意向の表現とし、さらに、「※1　二〇一七年一一月先端医療医学会調べ（調査機関に登録の女性医師百名中××に興味がある

図表15　ドクターレック

図表16　メディカルコンテンツを挿入したことでCVRがアップした佐藤さんのLP

と回答した六一名を対象としたネット調査）。あくまでもコンセプトに対する共鳴感で商品を推奨するものではありません。」という注記も付けて規制をクリアーできるように配慮しています。

佐藤さんのケースでは、仮販売のＬＰに、「臨床試験で実証」「九二％の医師が効果を期待」（ドクターレック）というメディカルコンテンツを挿入し、ＣＶＲをアップさせることに貢献しました（図表16）。統計的には、ドクターレックがあると、ＣＶＲは一・二〜一・五倍アップします。

なお、薬事法ドットコム関連には統計研究所という統計学の研究チームがありますが、ドクターレックはそこで研究した統計

図表17　メディカルコンテンツに対する法規制

〈臨床試験・医学雑誌〉

| 商材 | 言える表現 | 備考 |
|---|---|---|
| 化粧品 | 臨床試験済み<br>医学雑誌掲載<br>※具体的効果は言えない | 医薬品等適正広告基準3（5）は保証を禁止し、臨床試験データを見せるのは不可とする |
| 健康食品 | 臨床試験済み<br>医学雑誌掲載<br>※具体的効果は言えない<br>ex.便通改善効果証明済 | 具体的ルールなし<br>一般理論による |
| 機能性表示食品 | 認められた機能性に関しては具体的に言える<br>ex.「便通改善に関して臨床試験済み」 | 自主広告基準で禁止されていない |

〈医師〉

| 商材 | 言える表現 | 備考 |
|---|---|---|
| 化粧品 | 「推薦」「選用」は不可<br>「開発」「監修」は不可とは言えない | 医薬品等適正広告基準10は医師の「推薦」、病院での「選用」を不可としている |
| 健康食品 | 「推薦」「選用」は不可とは言えない | 適正広告基準10のような禁止規定が健食にはない |
| 機能性表示食品 | 「推薦」は不可 | 自主広告基準で医師による効果保証は不可とされている |

学理論に基づきネット上でドクターにアンケートを取るやり方で実施しています（http://doctor-rec.biz/）。費用は原則として一五〇万円です。

## LPに入れると効果大！「NO1」「日本一売れてます」「日本初・世界初」

次に、LPに盛り込みたいコンテンツが、NO1、日本一売れてます、日本初・世界初です。

図表18をご覧ください。

育毛剤市場は大激戦ですが、この「YDC育毛剤」（仮名）は、後発として登場した商品にもかかわらず、「第1位」オンパレードのLPで、育毛剤のEC市場を席巻しています。

また、図表19をご覧ください。

この「髪姫」という薬用育毛剤は、「世界初」の訴求が功を奏して、順調に売上を伸ばしています。

薬事法ドットコムでは、前述の統計研究所においてNo1調査を実施しています。

図表18　ティーアップ施策例

図表19　髪姫の世界初施策例

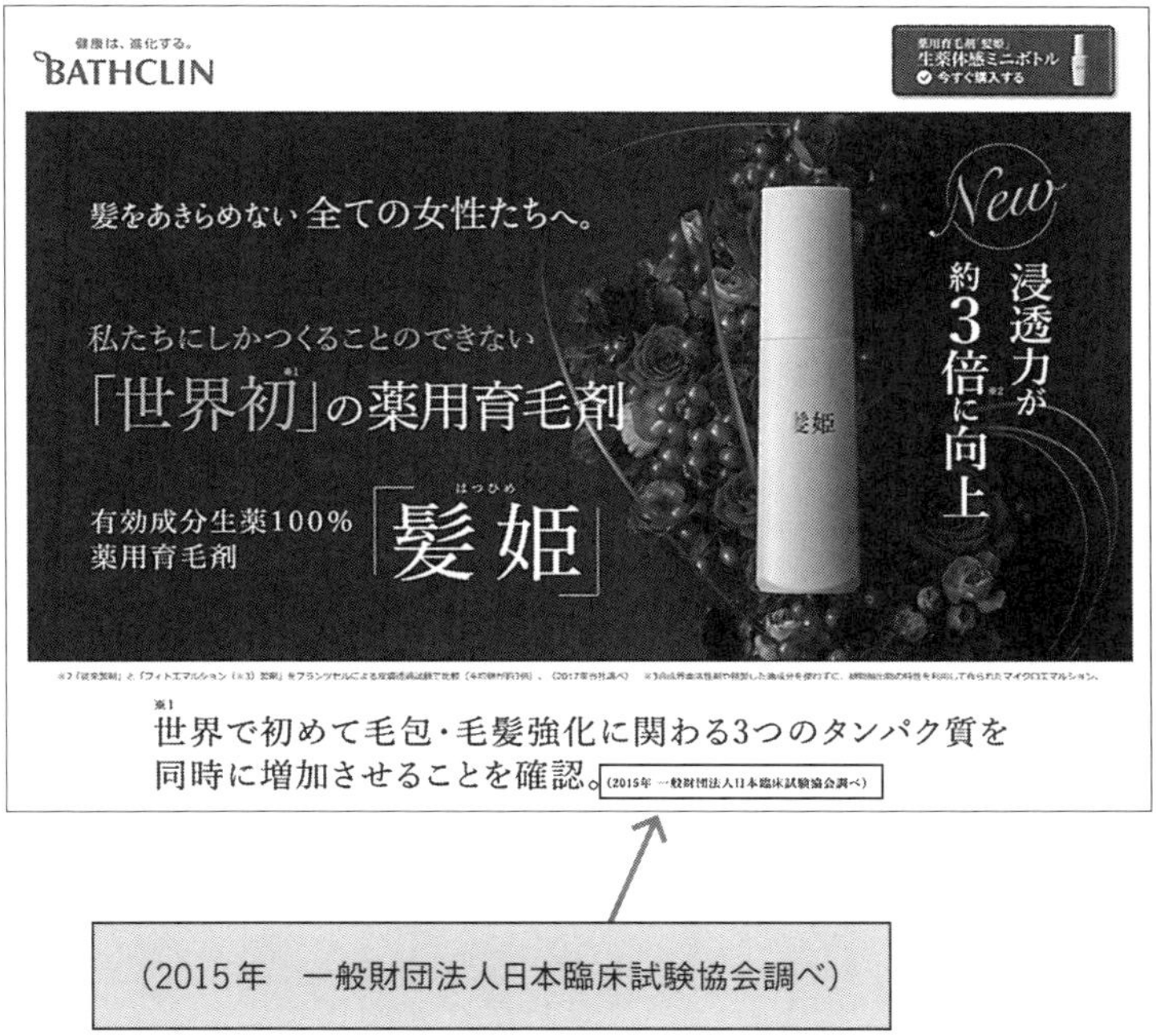

統計学にリケルト理論という理論があるのですが、その理論に基づき一〇商品のコンセプトの中から気に入ったものをネット上のアンケート調査で選ばせるという手法です。

図表20にあるように、パーソナルジムのティーアップではこの手法は有効でした。

費用は原則一件五〇万円です。

他方、日本初・世界初は、特許も含めた文献調査にて行います。

髪姫のケースでは、毛包・毛髪強化に関わる三つのたんぱく質を同時に増加させるという技術を、バスクリンさんが世界で初めて開発したことを文献調査で裏付けて、「世界初」を訴求しています。

こちらの費用は二〇〇万円です。

また、「日本一売れてます」というコピーも訴求力があります。そんなに売れているのなら一度使ってみたいという、消費者心理をくすぐるようです。図表21がその例です。

こちらの費用は、難易度に応じて一〇〇万円~二〇〇万円くらいです。

なお、佐藤さんのケースでは、予算がなかったのでこの種のNO1コンテンツは使

図表20　パーソナルジムのティーアップ施策例

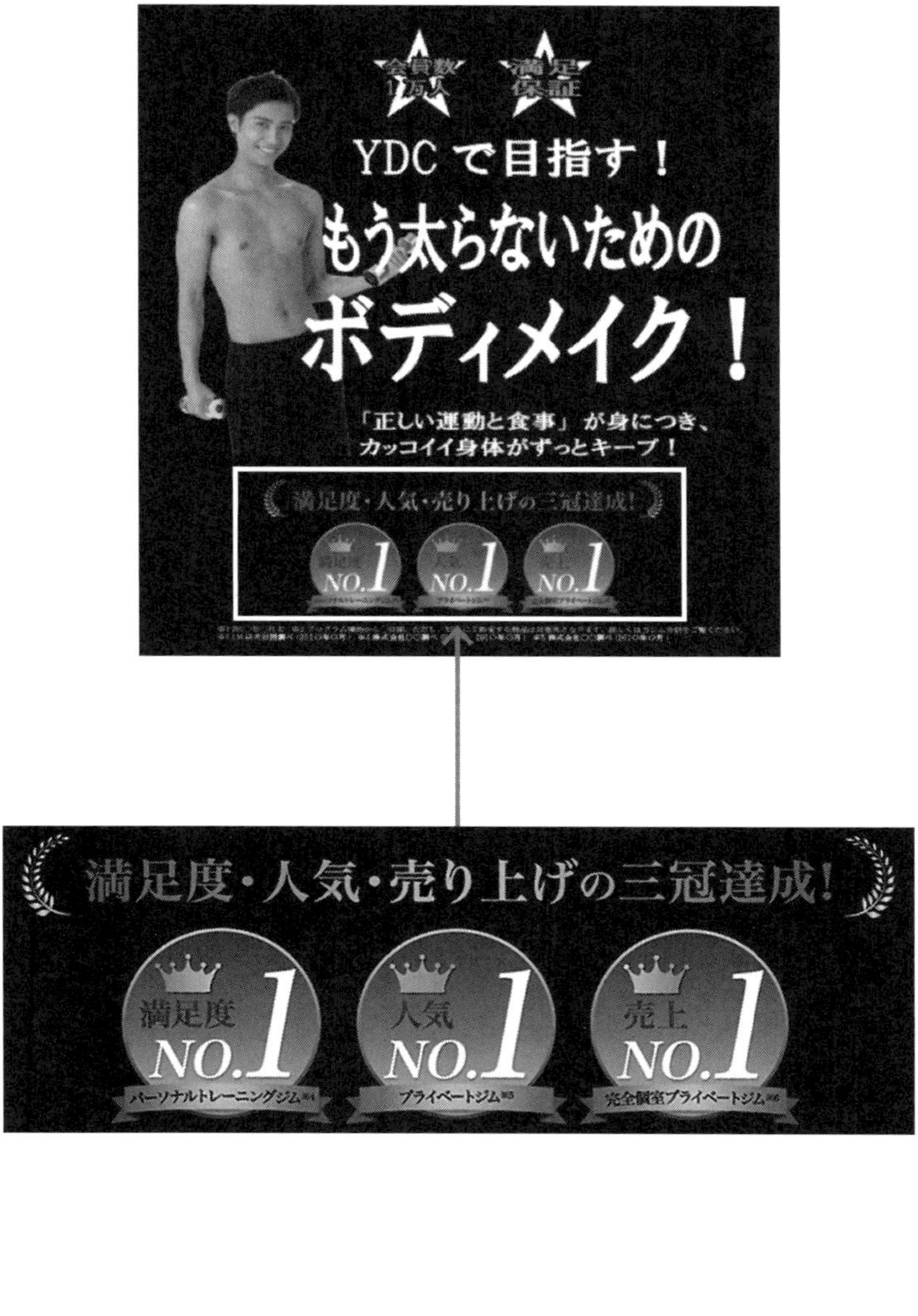

図表21　「日本一売れています」施策例

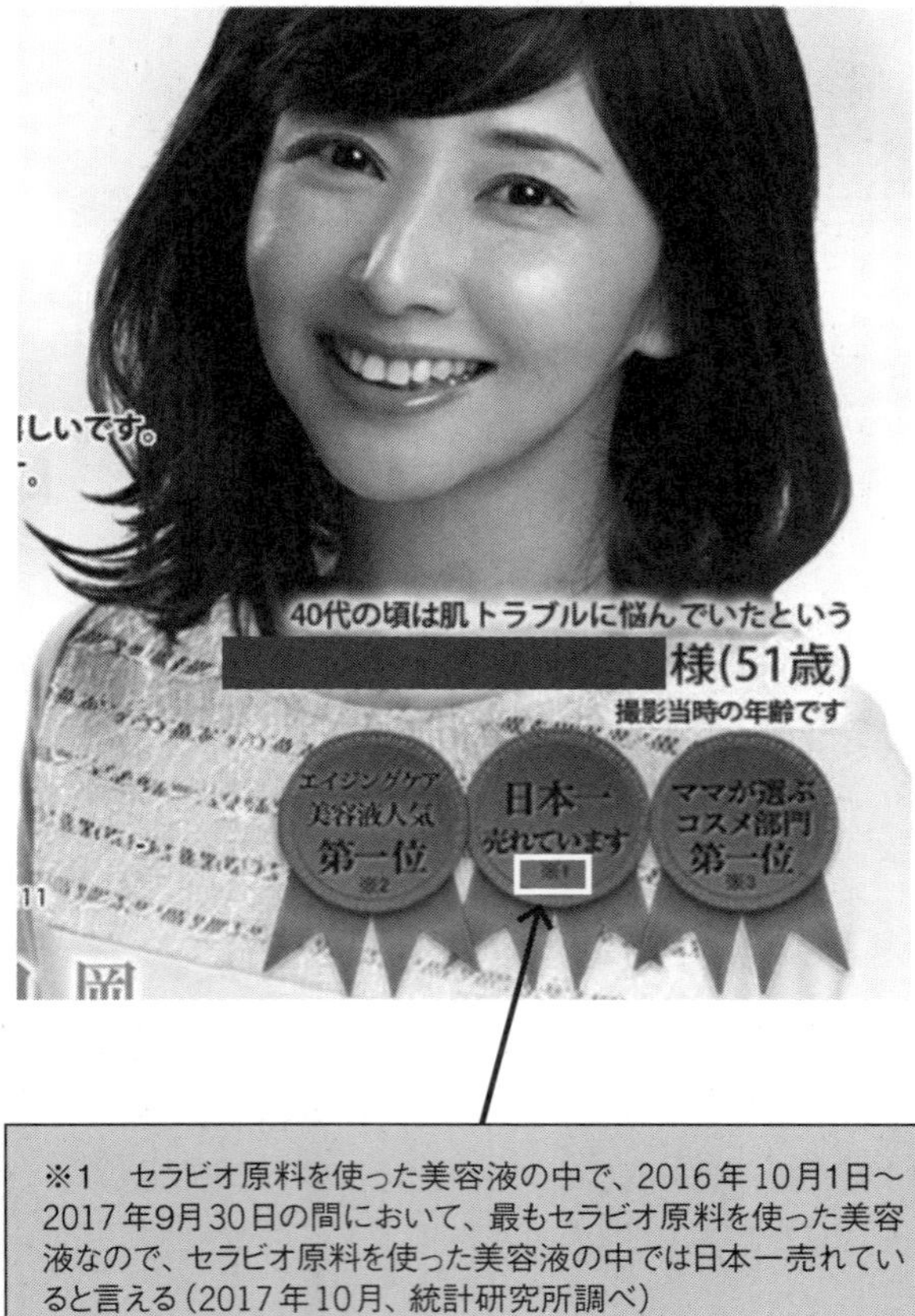


※1　セラビオ原料を使った美容液の中で、2016年10月1日～2017年9月30日の間において、最もセラビオ原料を使った美容液なので、セラビオ原料を使った美容液の中では日本一売れていると言える（2017年10月、統計研究所調べ）

わず、メディカルコンテンツを優先させました。予算に少し余裕が出てきたのでそろそろ投入しようかと考えています。

## 勝てるLPに必要な、あと二つの視角とは

誰も知らないノーブランド商品が有名ブランドに打ち勝つためには、「悩みの解決」にアプローチする必要がある、ということは書籍『4年で30億』で力説したところです。

その「悩みの解決」に有効であることに説得性を持たせるために、以上で紹介したメディカルコンテンツやティーアップはとても重要です。

しかし、勝てるLPに仕上げるためには、さらにあと二つの視角が加わると効果的です。

一つは、「**共感**」。もう一つは「**驚き**」です。

この二つの視角を作り上げていくにはリサーチが必要で、それに有用なのがヤフー知恵袋とモニプラです。

リサーチのテーマは、①どういう人がどう悩んでいるのか、②悩んでいる人は何を悩みの原因と考え、どう対策を練っているのか、です。

ここからその話を始めましょう。

## 消費者の悩みを探すのに有効な「ヤフー知恵袋」

ヤフー知恵袋は無料コンテンツですので、ひたすら読み込んで前記の①どういう人がどう悩んでいるのか、②悩んでいる人は何を悩みの原因と考え、どう対策を練っているのかを抽出してみてください。

たとえば、こんなケースがありました。

クレンジングで効果として毛穴対策を訴求しようということになり、ヤフー知恵袋で「毛穴」と入れて検索してみたところ、次のようなことがわかりました。

**1.「毛穴」に悩んでいるのは二〇～三〇代が中心**

**※四〇代は「乾燥×たるみ毛穴」**

**2.毛穴に悩んでいる人の大半が「脂性肌」**

3. 毛穴悩みの箇所を「頬」と「鼻」に特定している人が多い
4. 「彼氏に言われて傷ついた」など、異性の視線を気にしている傾向が強い
5. 「いちご鼻」というフレーズが多用されている
6. 「鼻パック」で悪化するとわかっていても取りたくなってしまうほど、取っても取っても出現してくる「角栓」を気にしている

これでターゲットとすべきペルソナがかなり見えてきます。

〈ワーディング（言い回し）も重要です（Column2「ワーディングの重要性」）〉

また、こんな例もあります。

ヤフー知恵袋などで、不登校の子どもを抱える母親の悩みを探って誕生したサプリ

## Column 2

# ワーディングの重要性

いろいろな表現がありうる場合、
類似ワードで検索ボリュームを調べてみる必要があります。
たとえば「脂性肌」の場合はこうなっています。

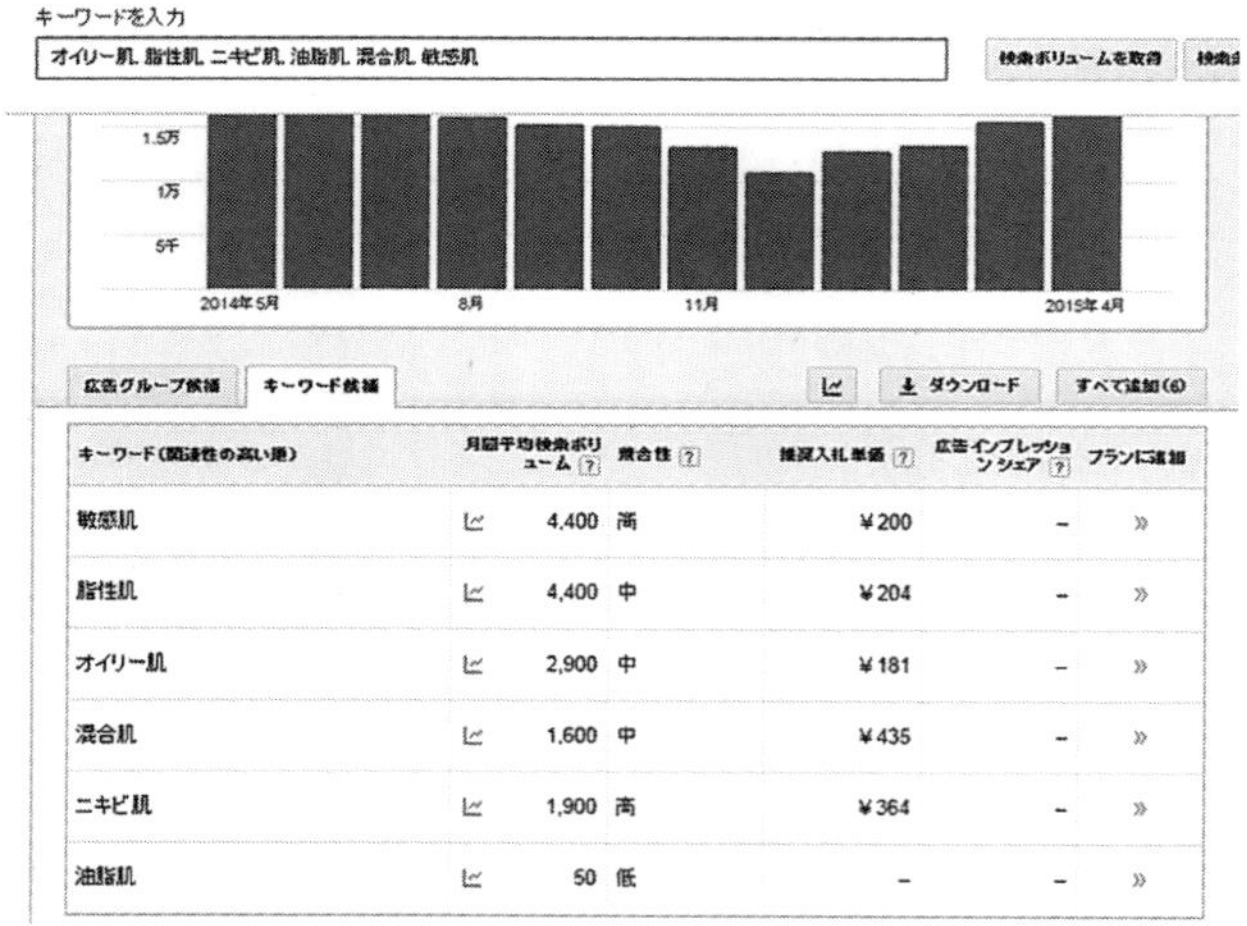


この結果から、「脂性肌」の検索ボリュームが最大であることがわかります。
そこで、検索により引っかかるようにするためには「脂性肌」というワーディングがベストということがわかります。
他方、「ニキビ肌」と「にきび肌」をヤフー知恵袋で検索すると、「ニキビ肌」約96965件、「にきび肌」16840件といった状況なので(2018年2月現在)、「にきび肌」ではなく「ニキビ肌」というワーディングを使うべきことがわかります。

※1 上記は、グーグルのキーワードプランナーを使ったものですが、有料のため、無料で調べたい場合は、右記サイトをお勧めします。　aramakijake.jp

図表22　不登校児を対象としたサプリのLP

があります（図表22）。

「不登校」というと、「イジメ」などさまざまな原因を想像しますが、実際に調べると、意外にも「子どもが朝スッキリ起きられない」ことで悩んでいる母親が多かったのです。

そこで、「子どもが朝スッキリ起きられるサプリ」という切り口で販売したところ、九カ月以上継続する顧客が続出するようになりました。

## モニター募集だけでなくアンケート調査も可能な「モニプラ」

いろいろな企業のサンプルやお試し商品などを、モニターとして無料で体験できるようなポータルサイトがモニプラです。

この中から、興味のある商品・サービスを探し、モニター応募し、当選すれば、レビューするシステムになっています。

企業側は、図表23のようなモニター募集ページを作成し、応募者の中から当選者を

図表23　モニプラのモニター募集ページ

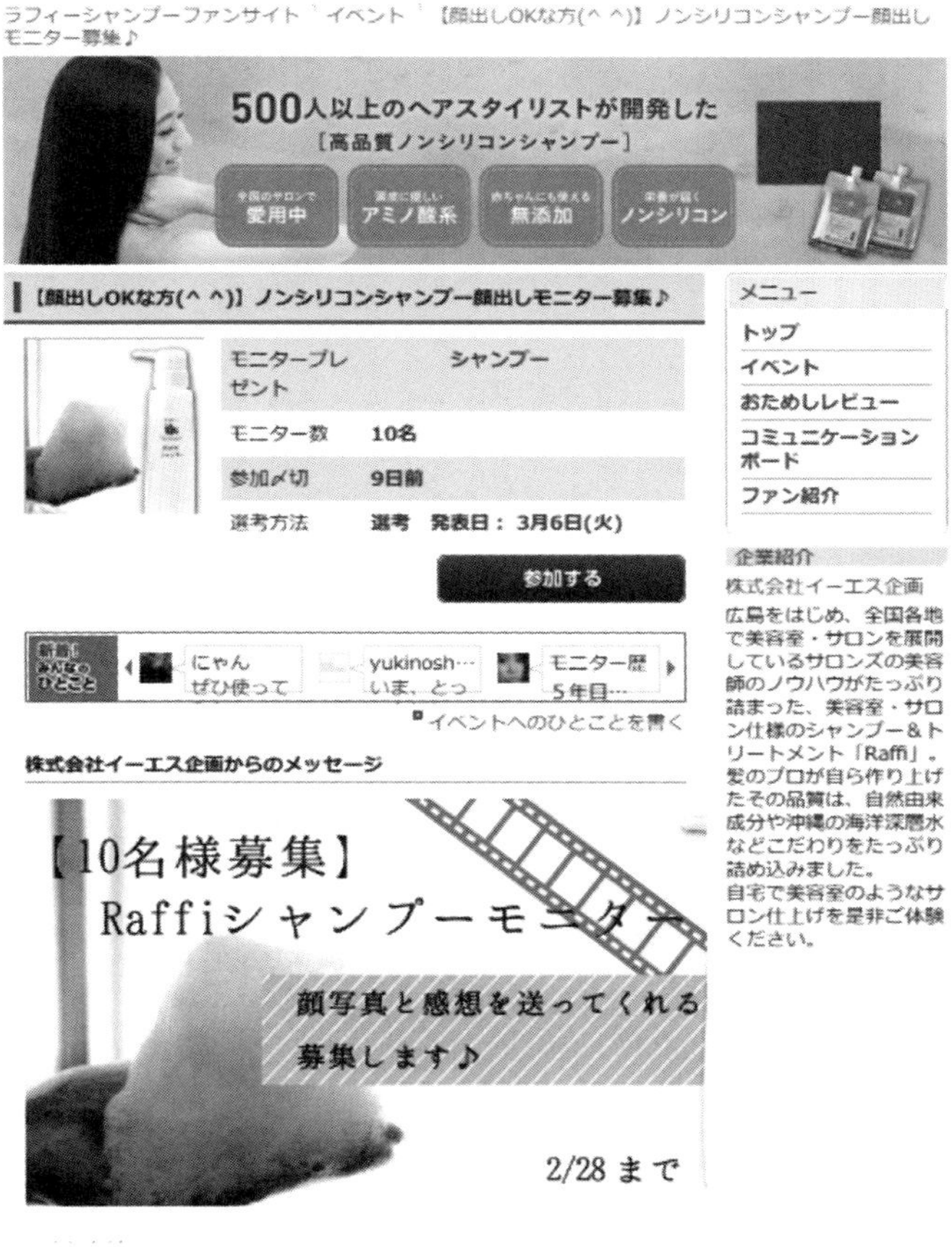

図表24　モニプラの申込

選定→商品発送→レビュー回収の流れで利用します。

こう書くと、モニターの募集しかできないように思われるかもしれませんが、**モニター募集だけでなく、アンケート調査も同時に可能です。**

また、HP制作の知識がない人でも、簡単に募集ページなどを作成できるよう、導入後はモニプラに管理画面を用意してもらえます。

**面倒なアンケートの集計結果も、自動で視覚的に生成してくれる**点も、モニプラの大きな力の一つです。

モニプラを企業が導入したい場合は、図表24の公式サイトの右上(①)

図表25　モニター用アンケート

## ○○に悩む女性へアンケート

①どういう時（どのようなシチュエーションで）○○が気になりますか？
□彼氏やパートナーに（悩み）を見られてしまう時
□温泉施設やスパなどの施設
□プールやジムなどの脱衣所
□健康診断などで医師に見られる時
□エステ施術時
□妊娠・出産から
□その他（　　　　　　　　　　　　　　　　　　　）

②「○○をどうにかして治したい！」と思ったきっかけは？
□彼氏やパートナーに指摘された
□温泉やスパで他人の視線が気になる
□その他（　　　　　　　　　　　　　　　　　　　）

③○○の１番の原因はなんだと思いますか？
また、その他に思い当たる原因があれば教えてください。
□新陳代謝の低下　　□ホルモンバランスの変化　　□加齢
□遺伝　　□妊娠・出産　　□下着との摩擦（刺激）
□ナイロンのタオルやスポンジで強く洗う　　□汗での蒸れ
□その他（　　　　　　　　　　　　　　　　　　　）

④○○を治すため、真っ先に行った対策を教えて下さい。
□専用商品を使った
□ピーリングやゴマージュ（ぽろぽろとカスが出るようなもの）を使用
□ボディークリームを塗布
□美白化粧品（クリームや乳液など）を塗布
□下着の素材を綿やシルクに変えた
□ナイロンのタオルやスポンジで強く洗う
□皮膚科や美容クリニックに行った
□エステに行った
□その他（　　　　　　　　　　　　　　　　　　　）

をクリックすると、問い合わせページが表示され、申し込みできます。

まずは、①どういう人がどう悩んでいるのか、②悩んでいる人は何を悩みの原因と考え、どう対策を練っているのか、のリサーチのため、図表25のようなアンケートを行います。

## アンケートの行い方と使い方

図表25のアンケートについて順に説明しましょう。

**①どういう時（どのようなシチュエーションで）○○が気になりますか？**

**②「○○をどうにかして治したい！」と思ったきっかけは？**

共感を生むLPを作るためには、共感を生むシーンの設定が効果的です。

図表26をご覧ください。これはお尻ニキビ用化粧品のFV（ファーストビュー／PCやスマホで最初に出てくる画面）です。

シーンとして、「温泉やスパ」など同性を意識したシーンを採用しています。

「彼に言われた」などと異性を意識したシーンを採用する手もありますが、女性の場

図表26　お尻ニキビ用化粧品のFV（ファーストビュー）

合、同性を意識したシーンが共感を生むようです。

次に③④、

**③○○の一番の原因はなんだと思いますか？**

**④○○を治すため、真っ先に行った対策を教えてください。**

驚きを生むＬＰを作る一つの手法として、今までやってきたことは間違っていた、新しいアプローチが必要、と納得させる手法があります。

図表27をご覧ください。

**（Ａ）痩せないのは代謝が落ちているから**

**（Ｂ）代謝を上げるには腸内フローラが重要**

というロジックを展開しています。

多くの人が考える（Ａ）に対して、新たなアプローチ（Ｂ）を提示することによって、今まではダメだったけれど今度はなんとかなるかもしれない、という希望を与えるわけです。

そのためには、多くの人が今の悩みの原因を何だと考え、どういう対策を行ってい

図表27 「痩せない ➡ 代謝が悪い ➡ 腸内環境改善」というロジックで制作されたFV
（ファーストビュー）

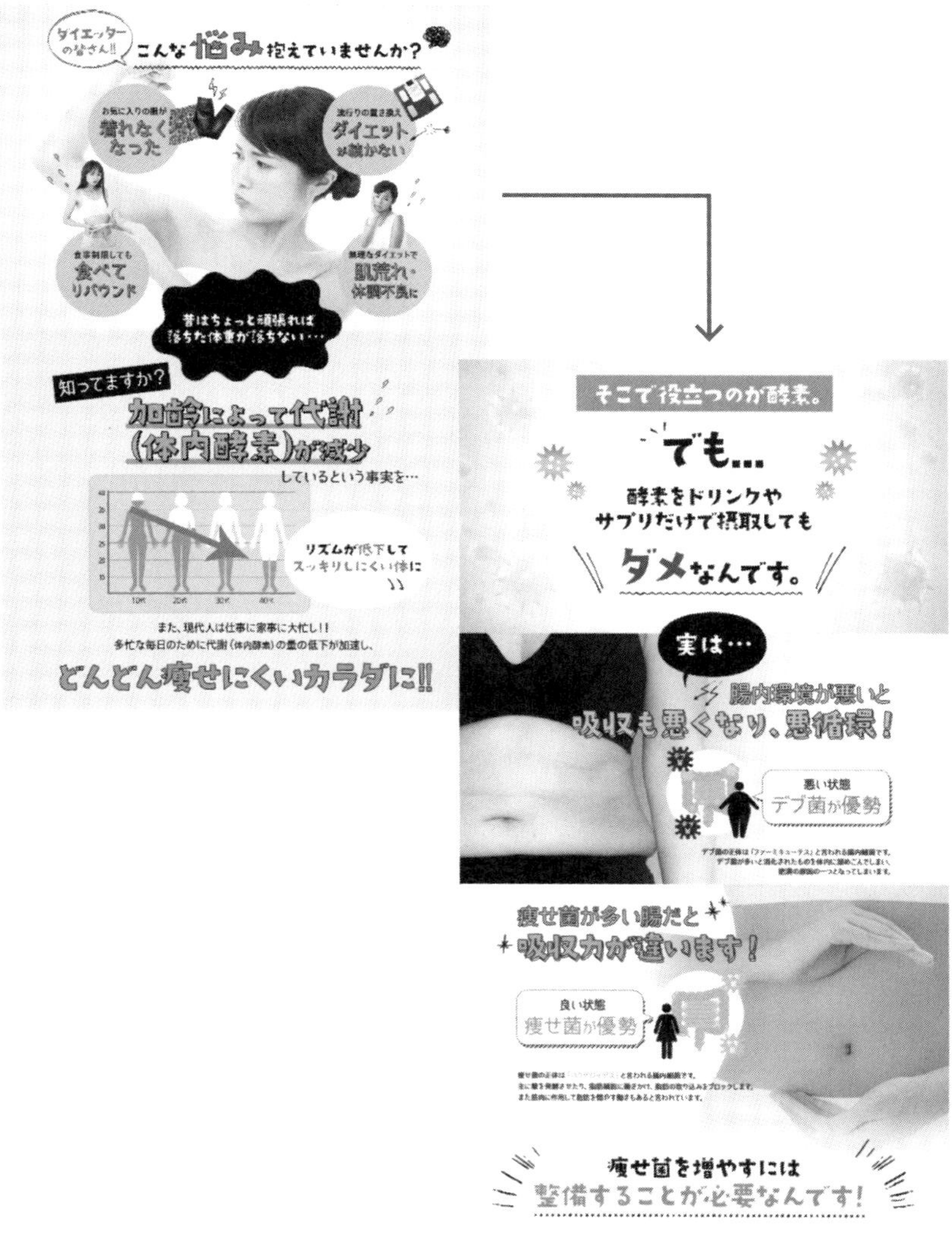

図表28　現状否定からのアプローチ

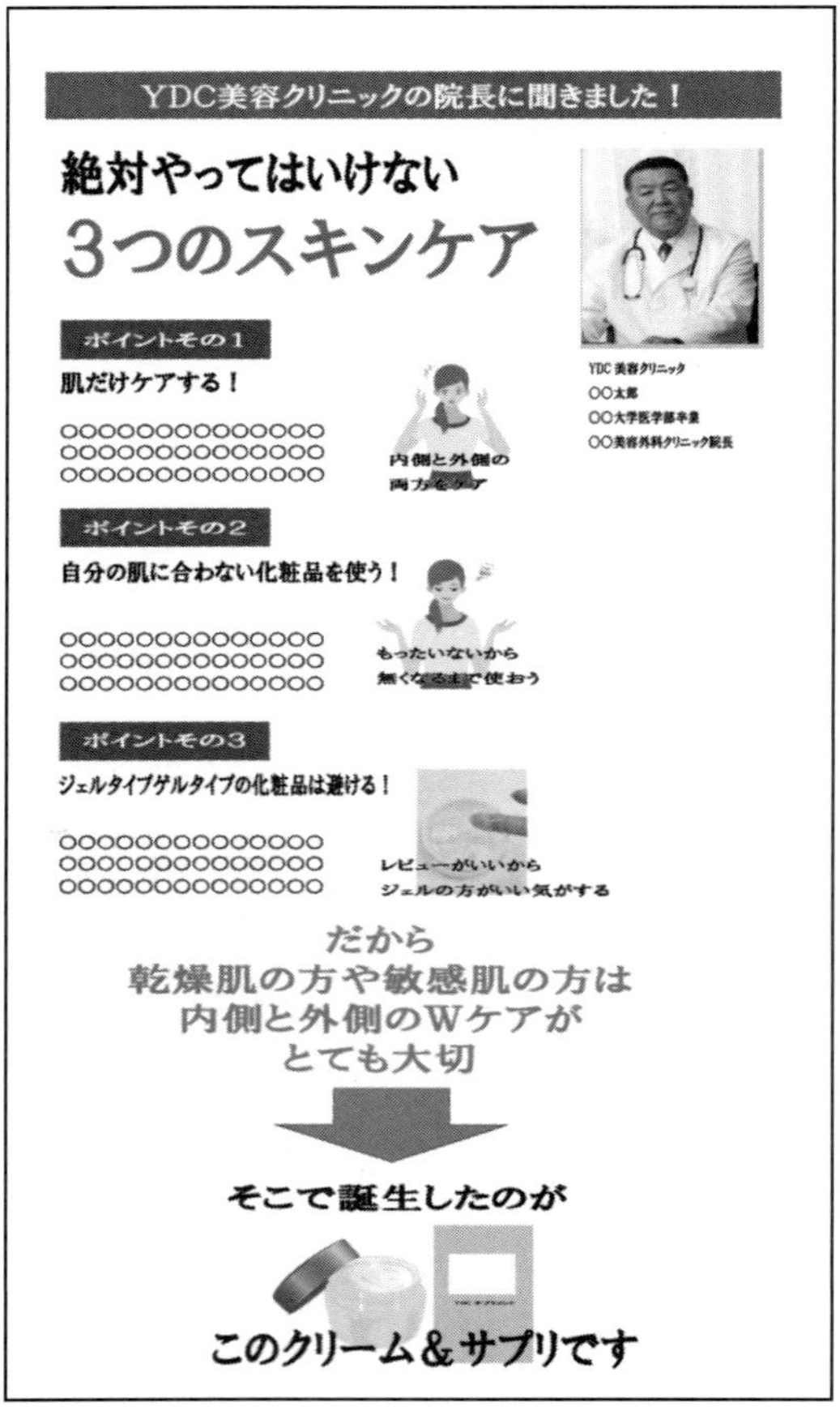

るかを知る必要があります。図表28もその例です。

これは「間違いだらけの……」的なアプローチで、現在の対策を否定することに力点を置いています。

## モニプラを活用して、共感を生む体験談をプロデュースする

以上のように、ヤフー知恵袋とモニプラを使って、①どういう人がどう悩んでいるのか、②悩んでいる人は何を悩みの原因と考え、どう対策を練っているのか、の調査を行いますが、①の「共感」という点でさらに重要なのが体験談です。

「出産したら洗髪でごっそり髪が抜けるようになった」という悩みを持っている人が、そういう悩みを解決した人の体験談を目にしたら、思わず読み入ってしまうのではないでしょうか？　しかし、新規起業の場合、こういう体験者がいません。そこで、モニプラで体験者をプロデュースします。つまり、**モニプラでモニターを募って体験談を収集する**のです。

図表29　モニプラで体験者を収集

**ネイル美容液 発売前座談会限定3名　○●○●○●○大阪無料ティータイム**

参加受付は終了いたしました。
またの参加をお待ちしております。

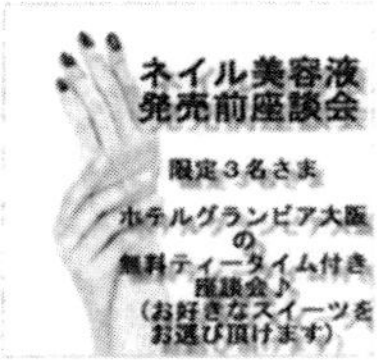
ネイル美容液
発売前座談会
限定３名さま
ホテルグランビア大阪
の
無料ティータイム付き
座談会♪
（お好きなスイーツを
お選び頂けます）

| | |
|---|---|
| モニタープレゼント | ネイル補修美容液「CureNail」 |
| モニター数 | 3名 |
| 参加〆切 | 参加受付は終了いたしました |
| 選考方法 | 選考　発表日：2月19日(金) |

**○●○● 株式会社からのメッセージ**

◆◇◆◇◆◇◆◇◆◇◆◇◆◇◆◇◆◇◆◇◆◇◆◇◆◇◆◇◆◇◆◇◆◇◆◇◆

ネイル美容液
発売前
モニター募集

限定3名様

◆◇◆◇◆◇◆◇◆◇◆◇◆◇◆◇◆◇◆◇◆◇◆◇◆◇◆◇◆◇◆◇◆◇◆◇◆

みなさん　こんにちは！

今回は女性の方に

ネイル美容液
発売前
モニター募集です。

ご協力をお願いいたします！

▼ 参加条件 ▼

☑ 女性
☑ ネイルに関心がある
☑ 商品を2週間（14日間） 毎日ご使用
☑ すべてに回答する
☑ アンケートに真面目に回答する
☑ 手タレ・手タレ経験者大歓迎
☑ 手タレ・手タレ経験なくてもOK
☑ 顔出しモニターOKの方
☑ 手のお写真も公開Okの方
☑ ネイル美容液、使用前・使用後の手の写真付きで、
使用感の感想をブログにアップして下さる方
☑ 必ず事後すぐにアンケートに回答して下さる方

「※顔写真や手の写真頂いたコメントは、
商品説明資料などに掲載させて戴くことがございます。
予めご了承下さい」

▼ 参加方法 ▼

募集時アンケートに回答いただく
お顔と爪の見える手のお写真を投稿いただく
⇓
2月12日 当選発表（メールにて当選のお知らせをさせていただきます）
⇓
2月13日 2月ネイルケア美容液「CureNail」をご自宅に送付いたします。
⇓
2月14日〜27日 2週間（14日間） 毎日ご使用いただきます。
⇓
3月1日 使用後すぐにアンケートにお答えいただく
⇓
3月1日 使用後の爪の見える手のお写真をお投稿いただく
⇓
3月2日 座談会に参加いただきます。

座談会詳細
3月2日（水） 13時半〜15時半
ホテルグランビア大阪 ロビーラウンジ

ホテルグランビア大阪の無料ティータイム付き
（お好きなスイーツをお選び頂けます）

取材、お顔と手の撮影をさせていただきます。

たくさんのご応募お待ちしております♪

1人のファンが「いいね！」といっています ▶▶▶ いいね!

友達にも紹介する ▶▶▶ ツイート いいね！ 7 チェック

スマホでも参加できます ▶▶▶ URLをメールで送る

参加条件を満たす方が当選者より少ない場合、当選者数が所定の人数に満たないことがございます。
予めご了承ください。

以下、その手順を説明しましょう。

図表29をご覧ください。

これは、ネイル美容液発売前に体験談を収集するためにモニプラを使っているものです。

**1. 商品を二週間使ってもらう**
**2. コメントだけでなく写真も使わせてもらう**
**3. 使用後座談会に参加してもらう**

といった内容になっています。

ポイントは次の点です。

1. できればいろいろな使用期間のモニターを集めます。二週間、一カ月、三カ月、六カ月など。これは顧客の使用ステージに合わせるためです。①これから始める人用の場合は、二週間後、一カ月後の声が意味を持ちますし（LPの場合はこれ）、②一カ月使った人に継続させるためには三カ月後の声が意味を持ちますし、③三カ月使った人を継続させるためには六カ月後の声が意味を持ちます（②③はCRMツールとして使います）。

2．できれば、事前の調査で設定シーンに適合するモニターを入れます。たとえば、あごニキビの化粧品でどういうシーンで悩みを感じるかを調査したところ、（A）悩みを友達と比較した時、（B）自分自身の姿を見て落ち込む時、（C）恋人に悩みを指摘された時、という三シーンが得られたとします。

そういう場合には、モニター募集も、それに対応させて、（a）友達といる時にあごニキビが気になった方、（b）自分自身を鏡で見た時にあごニキビが気になる方、（c）恋人にあごニキビを指摘されてショックだった経験をお持ちの方、を入れ込ん

で募集します。

3．できれば、図表29のような形で、使用後にホテルのラウンジなどでモニターを集めた座談会を催すとベターです。

座談会を催すと、モニター感想にはなかった潜在的な感想を引き出せて、いろいろな声をより広く収集できるからです。

## 勝てるLPの四大要素

以上から、(A) メディカルコンテンツ、(B) ティーアップ、(C) 共感、(D) 驚き、が勝てるLPの四大要素であることがおわかりいただけたと思います。

このうち、(A)(B) は私が主導して行いますが、(C)(D) は、あなたのリサーチにかかっています。プロローグで述べたように、小予算でいきたいのであれば、勝つためにもこのリサーチはあなた自身でしっかり行ってください。

図表30　LPの仕上げ前に行いたい競合チェック

便秘訴求の機能性表示食品・一般健食を比較したチェック表です。

| | ビフィズス菌 | | |
|---|---|---|---|
| 商品名 | ビフィーナS | ビフィズス菌＋ミルクオリゴ糖 | ビヒダス |
| 販売者 | 森下仁丹 | サントリー | 森永乳業 |
| キャッチコピー | **お腹の調子を整えたい方へ**<br><br>ビフィズス菌には腸内フローラを良好にし、便通を改善する機能があることが報告されています。 | **ビフィズス菌サプリメントをお探しの方へ**<br><br>胃酸に負けない強い菌だからしっかり腸まで届いてすっきり爽快！ | **ビヒダス菌BB536で悪玉菌を追い出して腸内環境を良好に!**<br><br>ビヒダス菌BB536には、腸内環境を良好にし、腸の調子を整える機能が報告されています。 |
| 権威づけ | 20年連続シェアNO.1 | × | × |
| 内容量 | 30日分（30袋） | 30袋 | 60カプセル |
| 1袋の量 | 1カ月分 | 1カ月分 | 1カ月分 |
| 1回の量 | 1日1袋 | 1日1袋 | 1日2カプセル |
| 内容の形状 | 顆粒 | 顆粒 | カプセル |
| ビフィズス菌の量 | 50億個 | 不明 | 150億個 |
| お試し価格 | × | × | お試しセット（7日分）500円※初回のみ |
| 初回限定価格 | ¥2,980 | — | ¥1,835 |
| 定期価格 | — | ¥2,250 | ¥3,305 |
| 通常価格 | ¥3,856 | ¥2,500 | ¥3,675 |
| 購入しばり | × | × | × |
| 送料 | 無料 | 無料 | 無料 |
| 販売軸 | 便秘 | 便秘 | 便秘 |
| 機能性表示 | ○ | × | ○ |
| 口コミ年齢層 | 30代〜40代 | 40代 | 20代〜40代 |

## LPが固まってきたら行いたい競合チェック

以上でLPの骨格部分が固まってきます。ここからLPの仕上げに進みますが、その前にあなたにやっていただきたいことがあります。

それは競合チェックです。類似商品について、キャッチコピー、権威付け、訴求軸、価格、量などを比較し、あなたの企画を変更する必要がないか最終チェックします(図表30)。

## LPコンテンツの仕上げ

全体でいうと、LPには次のようなコンテンツを通常入れます(図表31)

(A) FV(ファーストビュー)
(B) 権威付け
(C) こんな方におススメ
(D) 体験談

図表31

（A）FV（ファーストビュー）

（E）悩みの原因

（F）解決

（G）安全性

（H）開発者の声（開発秘話）

（I）オファー（注文画面）

このうち、満足度やリピート率などは統計理論に基づいて正しく表記することが求められています（二〇一七年七月一四日消費者庁「打消し表示に関する実態調査報告書」）。私は統計研究所を用いてその要求に応えるようにしています。

（A）には、メディカルコンテンツ、ティーアップ、共感を呼ぶメッセージを入れます。

(B) 権威付け例

ワイコスメは、
93％以上の医師が「使い続けたい」
と答えたオーガニックコスメです。
使い続けたい
93％
Dr.REC 93％ 医師評価
継続的に続けたいと思う
継続的に続けたいと思わない

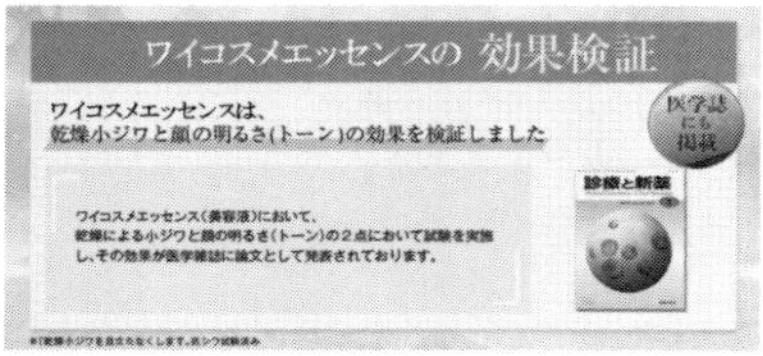
ワイコスメエッセンスの 効果検証
ワイコスメエッセンスは、
乾燥小ジワと顔の明るさ(トーン)の効果を検証しました
医学誌にも掲載
診療と新薬

オーガニックコスメ
人気ランキング第1位
おかげさまで、オーガニックコスメ
人気第1位を達成しました!!
オーガニックコスメ 人気 No.1

乾燥小ジワ
年齢による乾燥肌
でお悩みの全国の方から
こんなに沢山の
感謝の手紙を頂いております！
芸能人のシルクさんより

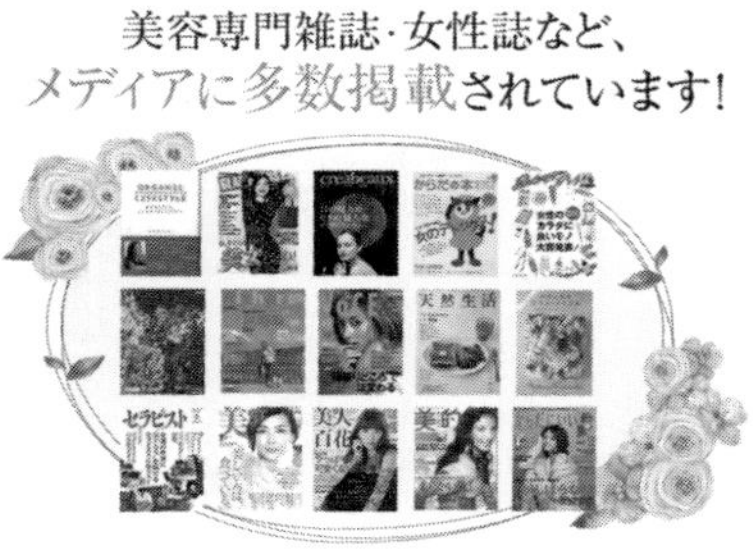
美容専門雑誌·女性誌など、
メディアに多数掲載されています!

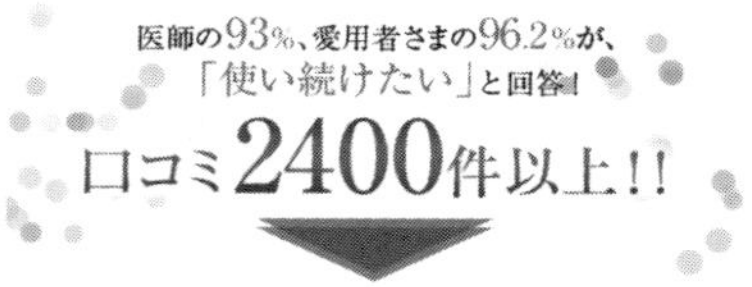
医師の93%、愛用者さまの96.2%が、
「使い続けたい」と回答!
口コミ2400件以上!!

喜びと驚きの声続出!!
最新1600名以上のレビューを包み隠さず公開
レビューを見る

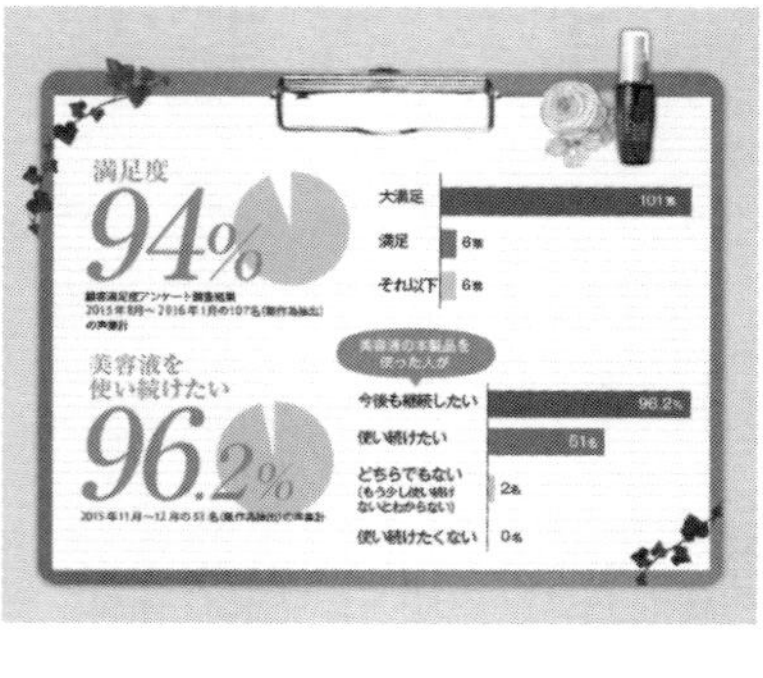
満足度
94%
大満足
満足
それ以下
美容液を使い続けたい
96.2%
今後も継続したい
使い続けたい
どちらでもない
使い続けたくない

(C) こんな方におススメの例

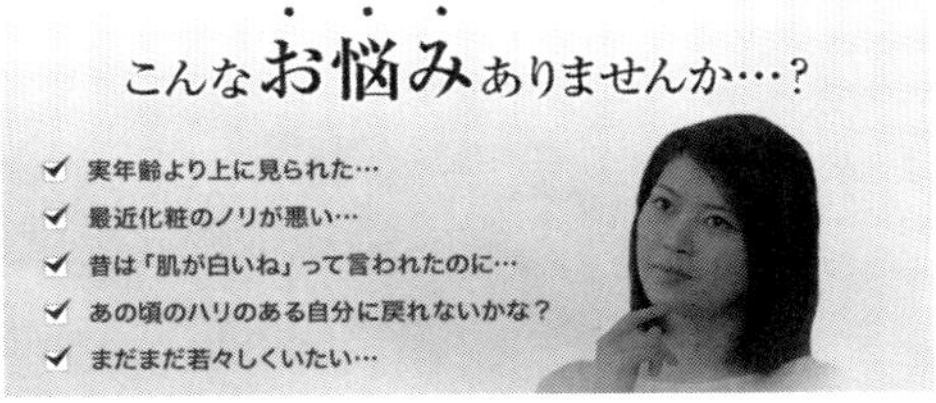
こんなお悩みありませんか…？
実年齢より上に見られた…
最近化粧のノリが悪い…
昔は「肌が白いね」って言われたのに…
あの頃のハリのある自分に戻れないかな？
まだまだ若々しくいたい…

(E) 悩みの原因と (F) 解説

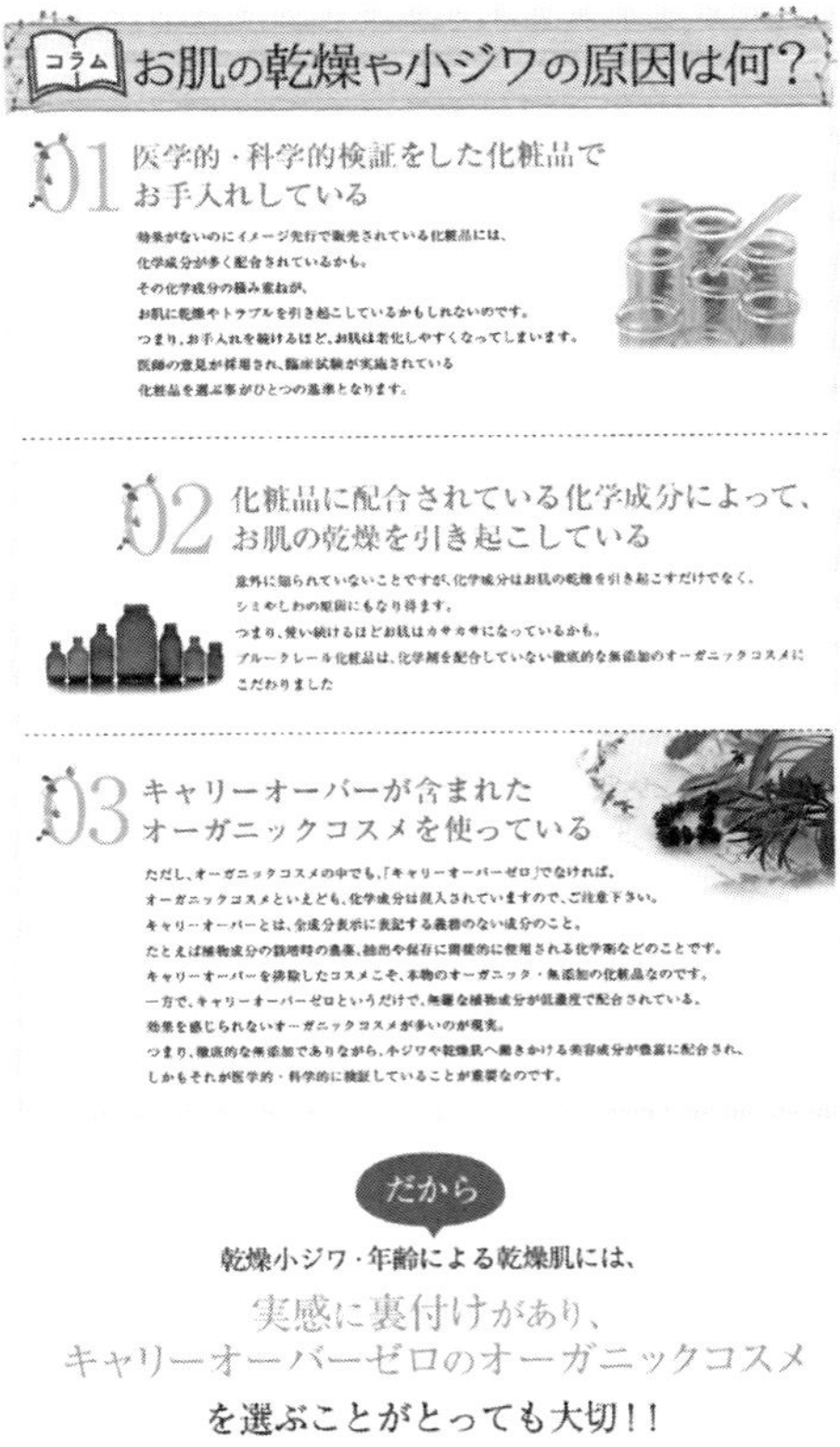
コラム
お肌の乾燥や小ジワの原因は何？
01
医学的・科学的検証をした化粧品でお手入れしている
効果がないのにイメージ先行で販売されている化粧品には、
化学成分が多く配合されているかも。
その化学成分の積み重ねが、
お肌に乾燥やトラブルを引き起こしているかもしれないのです。
つまり、お手入れを続けるほど、お肌は老化しやすくなってしまいます。
医師の意見が採用され、臨床試験が実施されている
化粧品を選ぶ事がひとつの基準となります。
02
化粧品に配合されている化学成分によって、お肌の乾燥を引き起こしている
意外に知られていないことですが、化学成分はお肌の乾燥を引き起こすだけでなく、
シミやしわの原因にもなり得ます。
つまり、使い続けるほどお肌はカサカサになっているかも。
ブルークレール化粧品は、化学剤を配合していない徹底的な無添加のオーガニックコスメに
こだわりました
03
キャリーオーバーが含まれたオーガニックコスメを使っている
ただし、オーガニックコスメの中でも、「キャリーオーバーゼロ」でなければ、
オーガニックコスメといえども、化学成分は混入されていますので、ご注意下さい。
キャリーオーバーとは、全成分表示に表記する義務のない成分のこと。
たとえば植物成分の栽培時の農薬、抽出や保存に間接的に使用される化学剤などのことです。
キャリーオーバーを排除したコスメこそ、本物のオーガニック・無添加の化粧品なのです。
一方で、キャリーオーバーゼロというだけで、無駄な植物成分が低濃度で配合されている、
効果を感じられないオーガニックコスメが多いのが現実。
つまり、徹底的な無添加でありながら、小ジワや乾燥肌へ働きかける美容成分が豊富に配合され、
しかもそれが医学的・科学的に検証していることが重要なのです。
だから
乾燥小ジワ・年齢による乾燥肌には、
実感に裏付けがあり、
キャリーオーバーゼロのオーガニックコスメ
を選ぶことがとっても大切！！

（G）安全性を表記した例

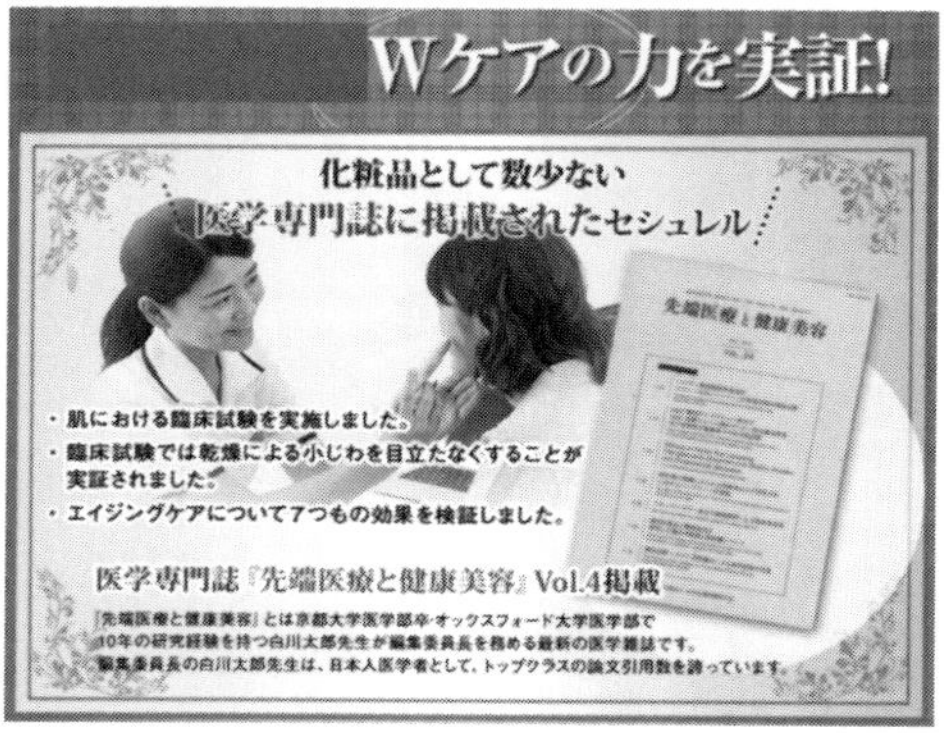


（H）開発者の声

(I) オファー

（B）には、メディカルコンテンツ、以上で紹介したティーアップの他メディア掲載や口コミ多数なども有効です。

（C）も調査に基づいて設定します。悩みの角度から表現することも可能です。

（G）は化粧品の場合、化粧品使用による肌あれを気にする人が多いので、できれば試験を行いたいところです。健康食品でも妊活サプリなどでは安全性の訴求は重要です。

（H）は開発エピソードなどがあれば、そこをフィーチャーします。

図表32　LP制作会社のお勧め一覧

| 会社名 | URL | 備考 |
|---|---|---|
| アドライズ | https://www.adlize.com/ | 化粧品・健康食品に特化 |
| アートマチック | https://artomatic.co.jp | 感情を刺激するデザイン |
| シンフィールド | http://mangalpo.net/works/ | マンガLPにお勧め |
| イズアソシエイツ | https://www.is-assoc.co.jp/ | 対応が丁寧 |

（Ｉ）は「七大特典」のように整理してわかりやすく書いてください。

以上でおわかりのように、コア部分は、リサーチおよび収集担当のあなたと制作会社と私と、三者で作っていきます。それ以外の部分は制作会社にお任せして、最終チェックする流れでかまいません。

お勧めの制作会社については図表32をご覧ください。

なお、ＬＰを二〇万円〜三〇万円で作ります、という会社がありますが、それは以上説明したような、「仮説→検証」のプロセスをカットし、場合によっては体験談も創作するような例が多いとお考えください。それではなんの説得力もないＬＰで、二〇万円〜三〇万円をどぶに捨てるのと同じです。

佐藤さんのケースでは、ＬＰ制作と同梱ツール制作を合わせて一五〇万円でイズアソシエイツに外注しました。

## アフィリエイターに、完成したLPの意見を聞くのも有益

LPコンテンツが出来上がった時点で、アフィリエイターの意見を聞くのもとても有益です。後述するように、立ち上げ時期のプロモーションとして、アフィリエイトはとても重要です。

よって、いずれコラボする彼らの意見を、あらかじめ聞くことにはとても意味があります。ですから、私がお手伝いする場合は、原則としてそういう場を設けるようにしています。

以上で、LP内のマーケティング用コンテンツは完成です。

そして、以上の作業と並行しながら行わなければならないことがあります。

**それはフルフィルメント（インフラ）の整備です。**

次はその話に進みましょう。

第一ステージ（その四）

# フルフィルメント

## コールセンター　─創業期こそうまく活用─

いかにECとはいっても、電話・コールセンターはとても重要です。

まず、現在ECの受注は平均八割以上スマホ経由です。

スマホは、電話の機能がないPCと異なり、タップすれば電話がつながる仕組みを簡単に作ることができます。つまり、スマホは電話との親和性が高いツールといえます。

しかも、消費者に納得を得る手段としては、スマホを見て読んでもらうよりも、電話で話したほうがはるかに高いコンバージョン（成約）が得られます。

創業期では自前のスタッフで電話を受けることは困難なので、ここはアウトソーシングすることになりますが、その受け皿がコールセンターです。

創業期の場合、コールセンターへの依存度は非常に高く、秘書代行的業務も委託できます。それゆえ、安さで選ぶのではなく、有能さで選ぶべきです。

佐藤さんのケースでは次のような業務を委託していました。

①電話でのお問い合わせ対応
②電話での受注対応
③電話、メールでの解約思いとどまり対応
④途中解約者への違約金請求
⑤カートでの受発注処理（物流とは自動連動）
⑥カートで自動連携できない後払いやクレジットの個別処理
⑦代引き受け取り拒否などの返品、キャンセルのカートへの反映
⑧日々の受発注件数や与信ＮＧ件数、お問い合わせや解約思いとどまり件数の管理

①の問い合わせ対応はコールセンターの基幹業務ですが、有能なコールセンターを使いますと、オペレーターでは対応しきれなかった案件が発生した時のみ、あなたに連絡が入る程度で、手がかかりません。それも、顧客からの問い合わせ内容は、履歴として蓄積されていきますので、同じ質問で連絡されることはなく、基本的には運用日数が長くなるほど、あなたの手間もより減っていきます。また、以上の業務をこなすためにはカートの操作に習熟しているコールセンターである必要があります（⑤⑦⑧）。

さらに、直接決済会社の管理画面を使って注文をキャンセルしたりする必要もあります。佐藤さんのケースでのコストをご紹介しましょう。

カートを使った受発注業務は、一日三時間、時給で二三〇〇円。電話対応が一件二五〇円、決済与信不備解消で四〇〇円。完全従量制ではなく、月々ミニマム二五万円ほどはかかりました。

新規三〇〇〇件、既存四〇〇〇件の規模の時で月七〇万円ほどでした。一件当たり百円程度になります（ただ、この時は代引き発送をしていませんでした。代引き発送をすると返品対応の手間がかかるので、三割増しで一三〇円くらいでしょうか）。

## ロジスティックス（物流）――費用だけでなくコールセンターとの連携性も考慮――

商品の発送業務がロジスティックス（ロジ）です。

ECの場合、受注と発送が有機的に結合できているかどうかで作業効率がまったく違ってくるので、ここのシステム構築はとても重要です。

よって、ロジを選ぶ決め手としては、

**①送料が安い**

という点だけではなく、

**②こちらが手をかけなくてもオートマチックに動いてくれる**

**③カートやコールセンターとの連携性が高い**

といった点もとても重要です。

③の観点からすると、自分（事業者）よりも、コールセンターのほうが使いやすいロジがお勧めです。

たとえば、このあたりは、実際の運用経験がないと、なかなかピンとこないと思うのですが、ロジによって、「締め」が毎日必要な場合があったりします。そうなると、オペレーターさんやネット受発注担当者が、毎日、受発注状況を計上し、ロジに報告しなければならないということになり、非常に効率が悪くなります。

また、ロジによって、特定のカートシステムとしか連携できない場合がありますので、注意が必要です。たとえば、EC支援会社の「たまごリピート」や「リピスト」には対応できるが、楽々リピートには対応できないというケースがあったりします。

佐藤さんのケースの選択のポイントは、カートとの自動連携があるかないかと、配送のメインとなるメール便の価格でした（図表33）。なお、ロジの価格は、各社二〇一八年度に改訂予定ですので現在の価格は要確認です。

## カート　―コールセンターの意見を参考に―

消費者がLPを見て購入する場合、最後は、申し込みフォームに記入して、申し込みボタンを押します。

この受け皿をカートと言います。

図表33　商品発送業務にかかるコスト

| | |
|---|---|
| メール便 | 190円／件 |
| 宅配便（エコ配） | 580円／件（沖縄除く） |
| 専用資材（同梱箱） | 9円／箱 |
| 返品再生処理 | 70円／件 |
| 返品送料 | 実費 |
| WMSシステム利用料 | 3万円／月 |
| パレット代 | 1800円／枚　現在5枚使用で9,000円／月 |

1カ月あたりでいうと、
メール便1600件、エコ配250件の出荷で税別65万円という感じです。

| | | |
|---|---|---|
| 宅配便 | 250件 | 15万円 |
| メール便 | 1600件 | 30万円 |
| 資材 | 5000箱 | 4.5万円 |
| 保管費用 | | 0.9万円 |
| 返品再生 | 128件 | 0.9万円 |
| 返品送料実費 | | 10万円 |
| WMS費用 | | 3万円 |

図表34　カート業者「楽々リピート」

申し込みボタンが押された時点で、その情報はコールセンターとロジにも流れ、配送のステージがスタートします。

このように、カートはフルフィルの要になるもので、新規起業の場合は、コールセンターがカートの管理画面で日々の管理を行いますので、**カートを決めるに当たってはコールセンターの意見も聞くとよい**と思います。

佐藤さんのケースでは、二転三転しましたが、最終的には「楽々リピート」に落ち着きました（https://raku2repeat.com/ 図表34）。

楽々リピートの場合、月額使用料は固定で四万九八〇〇円です。

## 決済方法 ― 新規起業なら後払いを中心に ―

購入する際には支払い方法を選択しますが、この施策も重要です。チョイスは大きく分けて、次のような三つの方法があります。

**①クレジットカード払い**
**②受け取り後コンビニ払い（後払い）**
**③代引き**

①が一番楽なのですが、新規起業の場合は信用が低いので、消費者は商品を受け取ってからお金は払おうという意識や、知らないところにカード情報を渡したくないという意識が強く、多くの人は①を選択せず、②を選択します（七五％程度）。

したがって、支払い方法は②の後払いが中心になります（①については、佐藤さんが採用したカート・楽々リピートには後払い会社、ＧＭＯペイメントが紐づいています）。

後払いの場合、消費者が不払いの際にどうするか、という問題があります。

大づかみに言って、五％くらいはそういうケースが発生します。

自分で回収するか、後払い代行業者に依頼するか。

新規起業の場合は、コストはかかりますが手間が省ける後者のほうがよいでしょう。代行業者もいろいろありますが、お勧めはＮＰ後払いです（https://www.netprotections.com/ 図表35）。

佐藤さんのケースでは、（図表36）のＤプランで、後払いｗｉｚという同梱プランを使っていました。

販売金額の七五％が後払い、それに二・九％の手数料＋請求書同梱時は一取引＋八五円（税別）、固定費は四万九八〇〇円＋同梱時は＋一万五〇〇〇円がかかります(https://www.netprotections.com/service/price/)。

ざっくり一〇〇〇万円の売りがあったとすると七五％が後払い、二〇〇〇件の取引

図表35　後払い代行業者「NP後払い」

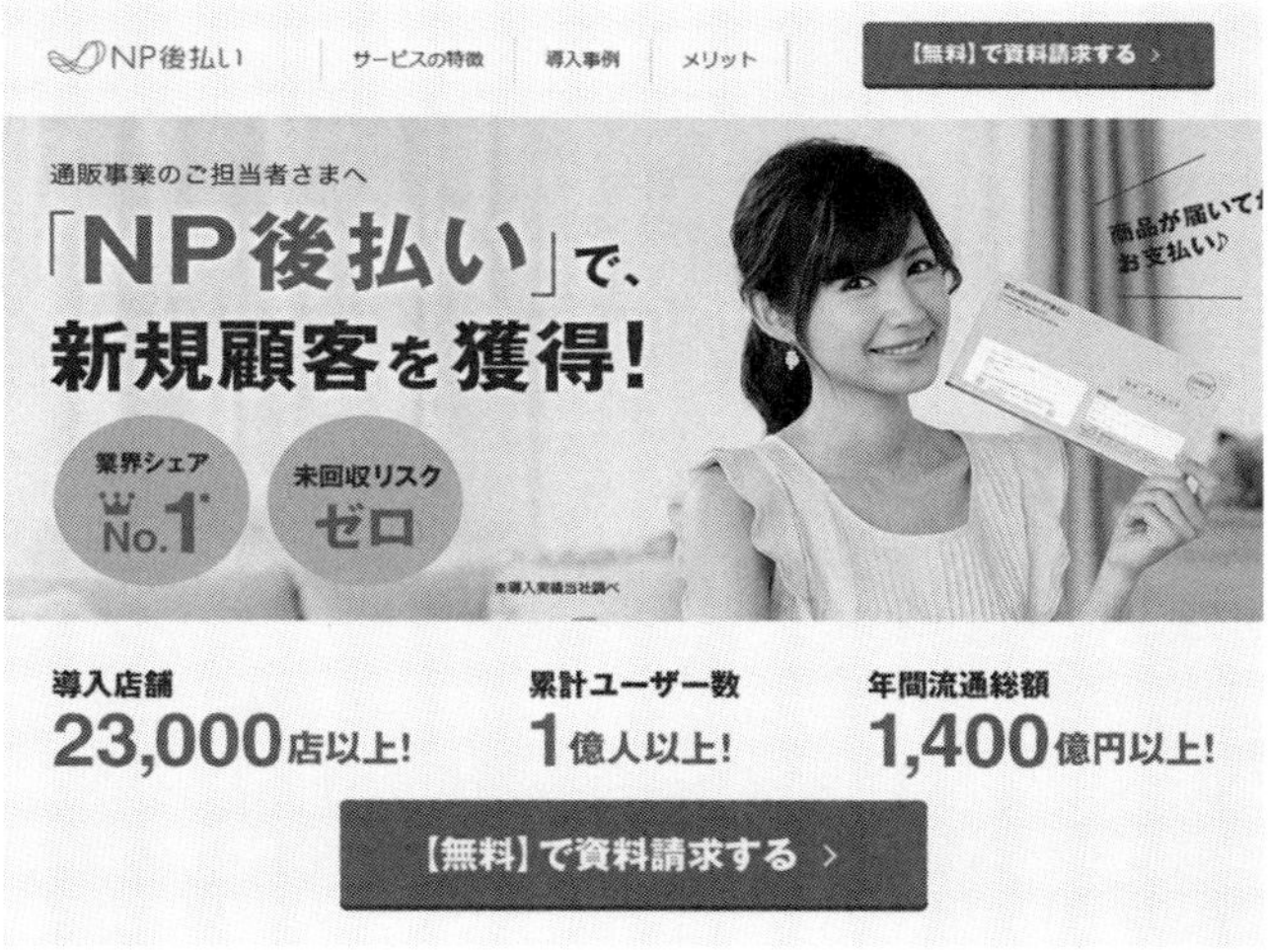


図表36　「NP後払い」の料金プラン

ご利用料金プラン

| ご利用料金 | サービス料金 | 月額固定費 | 請求書発行・郵便料金 |
|---|---|---|---|
| Aプラン | 5.0% | 0円 | 1取引ごとに190円（税込205円）<br>請求書を商品と同梱するオプションサービス「NP後払いwiz」を利用すれば1取引毎につき85円(税込92円)! |
| Bプラン | 4.4% | 5,000円（税抜） | |
| Cプラン | 3.6% | 20,000円（税抜） | |
| Dプラン | 2.9% | 48,000円（税抜） | |
| その他プラン | ご利用状況に応じた個別提案も可能です | | |

- NP後払いサービス料金は非課税となります。（但し、集金代行の場合は課税となります）
- コンビニでの収納が50,000円以上の場合は、収入印紙相当の実費200円をご負担いただきます。
- ゆうちょ銀行および郵便局での収納が50,000円以上の場合は、ゆうちょ銀行手数料210円（税込）をご負担いただきます。
- 配送伝票番号の登録後に取引キャンセルがあった場合、請求書発行・郵便料金205円（税込）をご負担いただきます。
- 加盟審査の結果によっては、サービスをご利用いただけない場合や、ご利用を一部制限させていただく場合がございます。

で七五〇万円×二・九%＋二〇〇〇件×八五円＋五万五〇〇〇円（固定費）≒四四万円のコストとなります（図表37）。

なお、代引きは現状、届かないケースが多いので、後払いの審査落ちケースの補充手段として使います（168ページ参照）。

ちなみに、前述した、定期縛りに対する規制強化の流れを受けて、後払い代行業者が新規の定期縛りケースを受託しない動きがあり、新規起業の場合のオファー施策に重大な影響を及ぼし始めています。

図表37　後払い代行業者に頼むとコストはどれくらいかかる？

・売上　1000万円
・手数料　2.9%
・後払いの割合　75%
・取引数　2000件
・請求書同梱（1取引）　85円
・固定費　5万5000円

後払いの売上は750万円なので……

7,500,000（後払いの売上）×0.029（手数料）＋2000（取引数）×85（請求書同梱）＋55000（固定費）＝**442,500**

↓

**これが後払い代行業者に支払う金額!**

第一ステージ（その五）

# CRM（カスタマーリレーションシップマネジメント）

## 新規獲得コストとLTV

ECへの参入がどんどん増えている結果、リスティング広告の費用は高騰する一方です。そのため新規獲得コストも上昇しています。

新規獲得コストは、現在獲得している顧客リストに対してどのくらいの広告費をかけているかを示すCPAで見る方法と、一件の商品を受注するために費やした広告費を示すCPOで見る方法がありますが、CPOで見たほうがよいでしょう（プロローグ参照）。

たとえば、お試し一〇〇〇円、本品一万円のツーステップとします。

お試し獲得に五〇〇〇円を要し（これがCPA）、そこから本品購入に二〇％引き上がるとします。
この場合、仮に広告費を一〇〇万円投入すると、お試し客は、一〇〇万円÷五〇〇〇円＝二〇〇人。その二〇％が本品を購入するので本品購入客は四〇人。ということは、本品購入客一人の獲得コストは、一〇〇万円÷四〇人＝二万五〇〇〇円です（図表38）。
他方、この四〇人が一年間に購入する金額を一人当たりに直した金額がＬＴＶです。
以前は、ＣＰＯの許容範囲はＬＴＶの二割などと考えられていたのですが、新規獲得コスト上昇の結果、現在はＣＰＯの許容範囲はＬＴＶの六割程度にまで上

図表38　お試し価格と本品価格の２ステップで販売した場合、本品購入客１人にかかる獲得コストは？

**※お試し価格1000円、本品価格１万円で、お試し購入客１人を獲得するのに5000円（CPA）かかり、また、そこから本品購入するお客が20％とした場合とする。**

たとえば、広告費に100万円を投入した場合のお試し客は……

100万円÷**5000円**＝200人

→ お試し購入客１人にかかった広告費

200人のうち、20％が本品を購入するので、本品購入客は……

200人×0.2＝40人
（20％）

つまり、本品を購入する客１人の獲得コストは

**100万円÷40人＝2万5000円**　となる

がっています。

右記の例ですと、CPO二万五〇〇〇円に対し、LTV四万円なら六二・五％で少々アウト。

LTV四万五〇〇〇円なら五五・五％で合格です。

佐藤さんのケースは、始めから本品を購入し（ただし五〇〇〇円）、しかも、それは定期なので（定期に引き上げるというステップがない）、CPO＝CPAと考えてかまいません。LTVを一万四〇〇〇円と考えると、前述のようにCPOの許容範囲をLTVの六割とした場合、CPO八四〇〇円まで許容できます。

このように、美健ECはリピート商材を扱う結果、LTVとCPO、新規獲得施策と継続施策が密接に絡まり合っています。

継続施策がうまくいってLTVが伸びれば高いCPOも許容されるようになり、新規獲得施策も思いきった作戦が取れますが、LTVの支えがないとそうはいかず新規獲得も伸びません。

その継続施策が、CRMです。

## 顧客を高価格の本品に引き上げるＣＲＭの設計

ＣＲＭは奥の深い世界です。リーガルの枠組の中で心理的ノウハウが駆使されます。ここでは低価格のお試しから高価格の本品に引き上げる三つのパターンを紹介します。

第一のパターンは、**電話に依存する手法**です。

たとえば、大塚製薬さんが「インナーシグナル」という美白化粧品に用いていたやり方です。

本品は一万円ですが、電話で購入なら二〇〇〇円。なんと八〇％値下げです。コールセンターで電話を受けると電話口で定期に引き上げます。さらに、電話でまとめ売りを進めるケースもあります。

たとえば、富山常備薬さんのシミ対策医薬品「キミエホワイト」がそうです。通常価格が四二〇〇円。それを初回一九〇〇円に下げ、さらにいくらとは書かずにお電話限定価格というものを見せ、電話へ誘導しています。

電話すると、初回分は無料にするから三個セットを買ったほうがよい、などと勧められます。

第二のパターンは**ステップメールに依存するやり方**です。

ECではメールアドレスの取得が容易なので、ECとの親和性が高いやり方です。

ステップメールを使う場合は二つポイントがあります。

一つは**プロダクトローンチの手法**を使うこと。もう一つは**特設サイトや動画にリンクするなど多角的構造にする**こと。ここは重要なので、この後で詳しく説明しましょう。

第三のパターンは**定期縛りに依存する**パターン。

佐藤さんのケースです。安直で初心者向きですが、LTVは伸びません。

離脱を防ぐためにCRMツールを充実させる必要があります。詳しくは後述しますが、こういうツールもマーケティングの準備として用意しておく必要があります。

## ステップメールの手法① プロダクトローンチ風引き上げメール

まず、プロダクトローンチはマーケティングの一手法ですが、簡単に言うと、じらし作戦です。人の心理は微妙なもので、「さあ買って買って」と言われると、嫌悪感が生じて逆に買いたくなくなるものですが、商品のよさは伝えるが「買って」と言われないと逆に買いたくなるものです。

そこで、LPからお試し（九八〇〇円）の購入があり、メアドを取得してメールを使って本品（一万二六〇〇円）の定期購入に引き上げる際に、この手法を使って成功している例があります。

ざっとこんなやり方です。

1. お試し購入から三〇日以内に本品の定期購入を申し込むと、定期初回が半額になるという設定にします。メールは担当窓口の個人名で出します。

2. お試し申し込みの時点でお試しを送ったこと、これから三〇日以内に本品の定期購入を申し込むと定期初回が半額になるというキャンペーンがあることは事務的に伝えますが、それ以外は商品のことは一切語らず、たとえば「美のプロが教える美容法」のような美容一般論のみを伝えます。

3. それから三日くらい経って二通目のメールを送ります。ここでも商品の使い方を中心に伝え、本品定期購入を勧めることはしません。

4. この後も三日おきくらいにメールが来ますが、美容のおトクな知識とこの商品に関するお客様の声の紹介が伝えられ、本品の定期購入は特に勧められません。この時点で顧客は「こんなにこの商品はよいものだとお客様の声で伝えているのになぜ私に勧めないのだろう」と変な差別意識に陥り、「私も購入してみたい」という意識が生まれ始めています。

5. そこで、お試し購入二六日目から毎日メールが届きます。ここからは売り中心です。あと数日でおトクなキャンペーンが終了してしまう。この機会を逃す手はない。あなたと同じ頃にお試しを購入し既に本品を定期購入した方からは、もう感謝のお手紙をいただいている、などなど。
ここで集中的に申し込みを獲得します。

6. しかし、これでまだ終わりません。キャンペーン期間三〇日が過ぎた時点でまだ定期を申し込んでいない人に対して、三三日後にこんなメールを送ります。「忙しくて三〇日間のキャンペーン中に申し込めなかったが、なんとかならないか」というご連絡をいただいている。そこで一〇日間だけ期間を延長することにした、と。しかし、お客様の感謝の声は伝えるものの本品の勧誘はなし。

7．三日後にも同様のメール。

8．最後の四日間で毎日、勧誘のメール。これ以上延長はない。これが本当の最後。今まであなたと同じ頃お試しを購入した方はもう定期に入ってこんなに感謝されている、云々。

9．最終日前日は社長名でメール。お試しを申し込んでいただいたことを改めてお礼。自信を持ってお勧めできる商品なのでこのチャンスを逃すのはもったいないと……。

普通なら数％しかお試しから本品定期に引き上がらなくても、こういう手法を採用すると一〇～一五％引き上がるようになります。

## ステップメールの手法②　多角的構造のメルマガ

コミュニケーション媒体という点でのＷＥＢの優位性は、**リンクによって多角的構造が作れる**ところです。本だと二次元の世界にとどまりますが、メルマガだと三次元の世界が作れます。

海外の例ですが、イギリスのfeelunique社はメルマガ（ニュースレター）からビデオライブラリーへ展開できるようなストラクチャーを作っています（図表39）。

その中には、化粧品の使い方を説明するビデオや、心地よい眠りに誘う六つのステップという切り口で商品紹介するビデオなどが含まれており（6 steps to a better night sleep、図表40）、多角的なコミュニケーションがとれるようになっています。

つまり、①文章で説明する、②映像で説明する、③双方向のやり取りにする、という3つのアプローチを商材やターゲットに応じて組み合わせていくわけです。

図表39　メルマガからビデオライブラリーへ展開できるfeelunique社のサイト画面

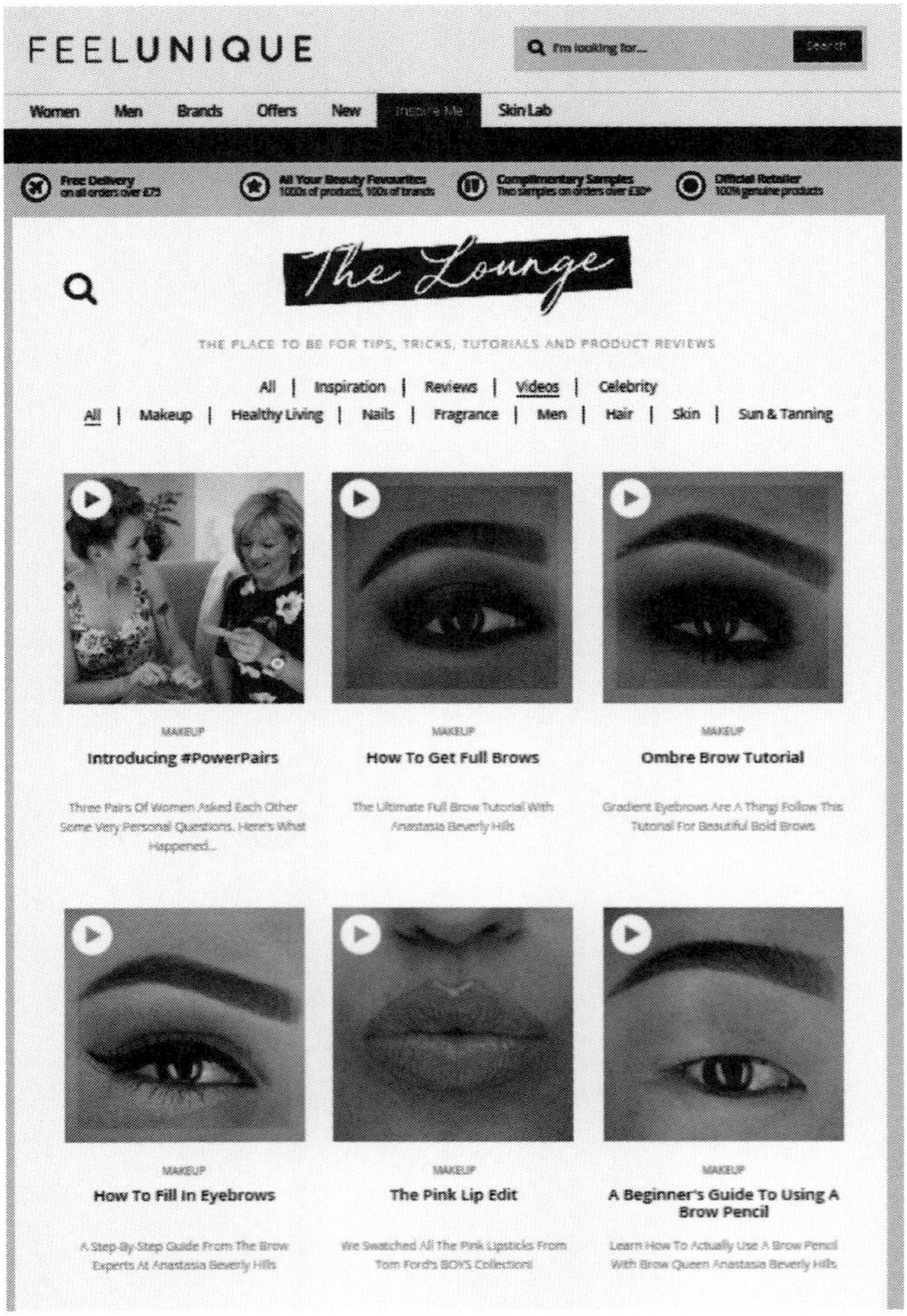

図表40　化粧品の使い方を映像で紹介するサイト

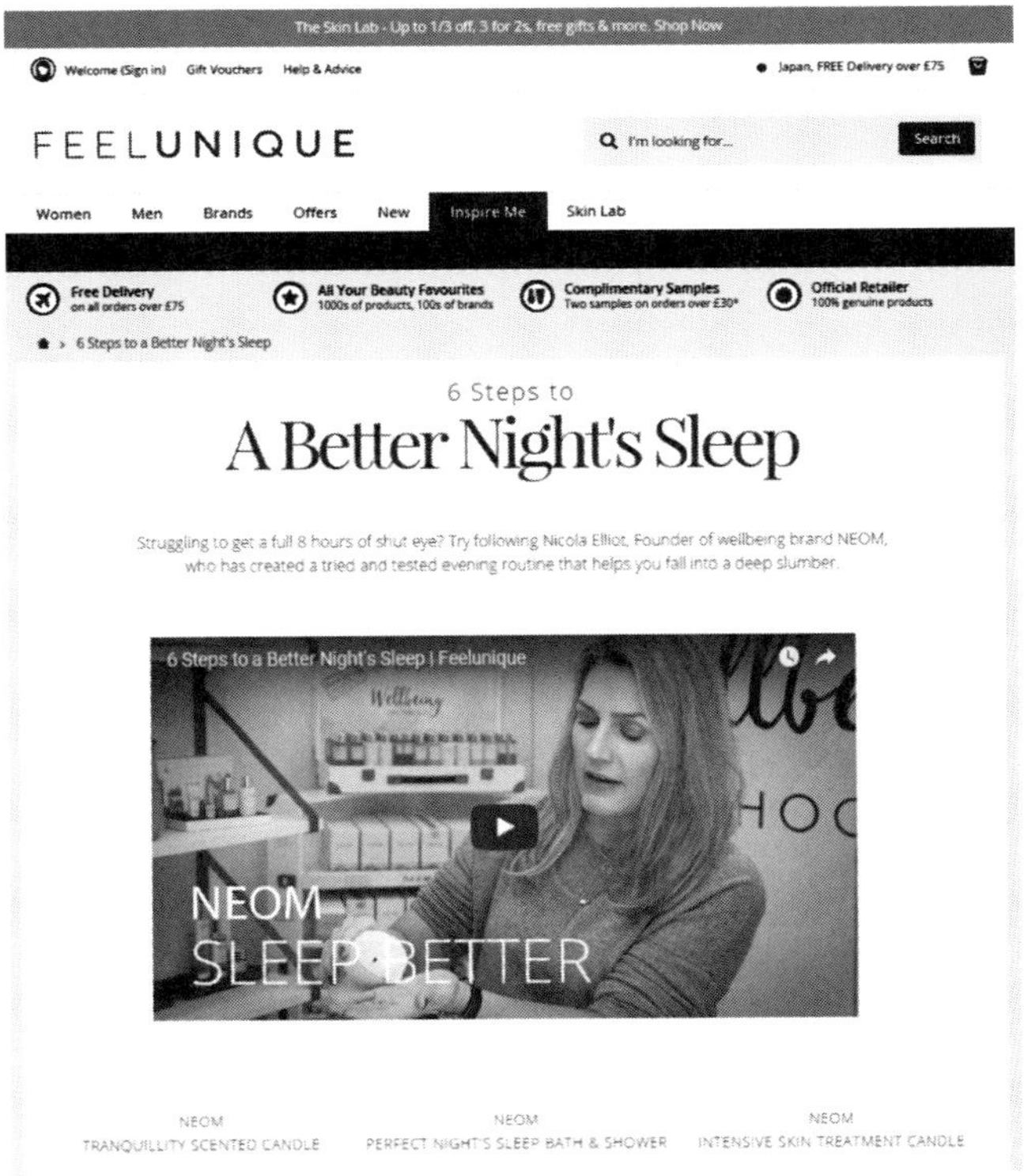

第2章

# キックオフ後の成功展開

## 年商1.8億を実現する
## 勝者のノウハウ

## キックオフ時の心がまえ

ＬＰが出来上がりＣＲＭツールもそろい、ロジもコールセンターもスタンバイＯＫとなると、いよいよプロモーション開始、キックオフです。

期待に胸膨らむところですが、どんなに周到に準備しても現場では何が起こるかわかりません。

最初の三カ月はテスト期間と考えてください。

広告費は三〇万円～五〇万円くらいに抑えて、いろいろ試してみます。

## ABテスト　―ECだからこそLPのブラッシュアップは積極的に―

キックオフ前、そしてキックオフ後もLPの改修はどんどん行っていきます。

これが簡単にできるところに、ECの優位性があります。

テレビコマーシャルをチョコチョコ変えていたら大変な費用がかかります。

アンケートはモニプラを使えば簡単にできます。

以前の案件で、こんなことがありました。

アトピーで悩んでいる未婚女性をターゲットにしようと考え、FV（ファーストビュー／PCやスマホで最初に出てくる画面）に「この商品を使って彼にプロポーズされ、最高に幸せです！」と、ストレートに表現していたところ、ターゲットにしていた女性から猛反発をいただいてしまったのです。

「FVの女性のお肌がキレイ過ぎて、本当に同じ悩みを持っていたとは思えない」

「幸せそう過ぎて不快」

などなど。

ＦＶに用いるべき女性はきれい・かわいいに限る、というのは独断と偏見に過ぎないのです。

図表41をご覧ください。

これは、ＦＶを三パターンテストしたケースです。皆様はどの結果がよかったと思いますか？　答えはＢです。その理由は別の機会に開示しましょう。

いずれにせよ、こういうテストが簡単にできるところがＥＣの強みなので、労を惜しまず、Ｐ↓Ｄ↓Ｃ↓Ａを回すことが重要です。

## ヒートマップ　―消費者が強い興味を持つパーツはＬＰの上に配置―

ＬＰのどのパーツを顧客がよく見ているかを、色で示してくれるのがヒートマップです。

消費者は、ＬＰを上から見ていって興味がなくなったところで離脱します。たとえその下に興味を惹《ひ》くものがあったしてもそれは認識しません。

それゆえ、**ＬＰは上から下に消費者が興味を覚える順にパーツを置いていきます。**

図表41 FVテスト

A

B

C

ヒートマップを使うとこの順番が正しいかどうかが〝見える化〟されるため、簡単に判断できます。

つまり、効果的なLPは上から真っ赤で始まり、段々色が薄くなっていくグラデーションになるはずなのです。

佐藤さんのケースでは、オファーのパーツが色濃くなっていましたので、FVの次にオファーを置くことにしました（図表42）。

## スタート時のプロモーション①　リスティング広告

以上のようにPDCAを繰り返しながらプロモーションを展開していきますが、スタート時のプロモーションの中核の一つはリスティング広告です。

**リスティング広告とは、検索したら出てくる広告のこと**です。

消費者が広告をクリックした時点で課金されます。

競合する場合に、どの広告が上に表示されるかはその課金額（クリック単価と言います）を高く設定している順番で決まります。その結果、人気の高いキーワード（ビ

図表42　FVの直後に注文を置いた例

ッグワードと言います）、たとえば、「ＡＧＡ」などはクリック単価を八万円くらいに設定しておかないと上位表示されません。

**新規起業の場合、こういうビッグワードを狙うのは無理なので、指名検索を対象の中心にします。**

指名検索とは、会社名や商品名などです。たとえば、佐藤さんの会社名グレート。これなら他社は広告を出してこないのでクリック単価は安いものだと一〇〇円以下です（図表43）。

後は、検索ボリュームは多いが（ということは消費者のニーズがある）、クリック単価は安い、というキーワードを発掘していきます。そのやり方は『4年でビリオネ

図表43　指名検索の実績例

この表は、あるサプリの商品名・会社名の指名検索のレポートです。

| 媒体 | キーワード | 表示回数 | クリック数 | クリック率 | クリック単価 | 費用(Fee込) | CV数 | CVR | CPA |
|---|---|---|---|---|---|---|---|---|---|
| ヤフー | 商品名 | 76 | 10 | 13.16% | ¥181 | ¥181 | 1 | 10.00% | ¥181 |
| ヤフー | 商品名 | 48 | 4 | 8.33% | ¥127 | ¥506 | 1 | 25.00% | ¥506 |
| グーグル | 商品名 | 294 | 84 | 28.57% | ¥19 | ¥1,580 | 1 | 1.19% | ¥1,580 |
| グーグル | 商品名 | 85 | 9 | 10.59% | ¥73 | ¥653 | 1 | 11.11% | ¥653 |
| グーグル | 商品名<br>会社名 | 64 | 19 | 29.69% | ¥66 | ¥1,260 | 1 | 5.26% | ¥1,260 |

ア』に書きましたので、詳しくはそちらをご覧ください。

以前、「あごニキビ」というお悩みワードがそれに該当することを発見して、ヒットに結び付けた例があります。今でもそういうワードはありますが、それをここに書くとたちまち競合してクリック単価が上がることになりますので、それは控えておきます。

リスティング広告の運用は、独学でやることも可能です。本もたくさん出ていますから時間のある人は参考にしてください。

佐藤さんのケースは広告代理店に任せました。広告代理店に任せると、大体事業に費やした金額の二割を手数料として取られます。運用額が月に二〇万円なら四万円です。そこで、運用額を上げることを第一とする代理店もいます。つまり、成果をあまり気にせずどんどんリスティング広告を出していくわけです。

新規起業の場合は良心的に運用していると大して運用額が伸びないので、代理店はそういう方向に向かいがちですので注意が必要です。

お勧めは、前述のジョイプロジェクション社です。彼らだと他のオーダーもできるので、運用額を上げて代理店マージンを上げることに執着しません。

## スタート時のプロモーション②　アフィリエイト

アフィリエイトについては、第1章第一ステージ（その一）で書きました。

アフィリエイターは集客のプロですから、起業時に彼らのサポートは不可欠です。

とはいえ、彼らもビジネスですからメリットが必要です。

そのためには強いLP、つまり、コンバージョンが見込めるLPであることが必要です。アフィリエイトとはアフィリエイターがアフィリエイトサイトに集客し、そこから広告主LPに送客し、そこでコンバージョンしたら報酬をもらうという仕組みです。


いくらアフィリエイターが送客しても、広告主LPでコンバージョンしなければ彼らは報酬をもらえないので、彼らにとって強いLPは不可欠の条件となるのです。そこで意味を持つのが、メディカルコンテンツやティーアップツールです。

そのことは第1章第一ステージ（その三）で書いたところです。

次に重要なのはASPです。

アフィリエイターとの間をつないでくれるのがASPです。大手のASPはアフィリエイターの組織化が自動化されていて多数のアフィリエイターを抱えています。しかし、新規起業の場合は、いいアフィリエイターがなかなか付いてくれません。

そういうケースで私がお勧めしているのが、ロンバート社です（https://www.felmat.net/）。彼らはアフィリエイターとシステム的にではなく、人的につながっているので（知り合いのアフィリエイターをたくさん抱えているイメージ）、新規起業の場合もいいアフィリエイターを付けてくれます。

また、アクセストレードというASPを運用しているインタースペース社も分析が細かく秀逸です（https://www.accesstrade.

図表44　アフィリエイトの実績例

この表は、あるサプリのアフィリエイトによる獲得のレポートです。
アフィリエイトの場合、報酬がCPAとなります。

| NO | パートナーサイト名 | ○月 | | | | |
|---|---|---|---|---|---|---|
| | | インプレッション数 | クリック数 | CVR | CPA | 広告費 |
| | 全体 | 35,674 | 1,080 | 4.1% | ¥10,409 | ¥458,000 |
| 1 | ABCD | 33,125 | 912 | 2.9% | ¥12,000 | ¥312,000 |
| 2 | EFGH | 1,324 | 47 | 12.8% | ¥5,000 | ¥30,000 |
| 3 | IJKLM | 0 | 20 | 15.0% | ¥5,000 | ¥15,000 |
| 4 | NOPQ | 0 | 21 | 4.8% | ¥5,000 | ¥5,000 |
| 5 | RSTU | 0 | 25 | 0.0% | – | ¥0 |
| 6 | VWXY | 877 | 25 | 16.0% | ¥12,000 | ¥48,000 |
| 7 | ZABC | 239 | 16 | 25.0% | ¥12,000 | ¥48,000 |
| 8 | DEFG | 0 | 2 | 0.0% | – | ¥0 |
| 9 | HIJK | 97 | 5 | 0.0% | – | ¥0 |
| 10 | LMNO | 0 | 4 | 0.0% | – | ¥0 |

ne.jp/）（図表44）。佐藤さんのケースでも両社を使いました。

## チューニング期間で特に気をつけておくべきこと

以上のように、スタート時はリスティング広告とアフィリエイトを中心に展開していきます。ただ、どんなに周到な準備やシミュレーションをしていても、実際にやってみないとわからないのが現実のマーケットです。

ＣＰＡも最初は二万円超、それが一万五〇〇〇円に下がり、三カ月で一万円に下がって、なんとかなりそうなレベルに至る、という感じです。なので、スタート時の三カ月はチューニング期間と考えてください。ただ、ここで一つ問題があります。

ＣＰＡを下げることだけを考えていると、獲得件数が伸びません。早い話、リスティング広告を指名検索に絞ってしまえばＣＰＡは確実に下がります。しかし、それでは獲得件数が伸びず、売上も伸びません。

スタートから半年以内には、月の新規獲得を千件の大台に載せたいところです。それゆえ、何か当たりのプロモーション手段を見つける必要があります。

## 新規起業なら特にお勧め！　フェイスブック広告の魅力とは

新規起業の多くのケースでは、ここで役に立っているのが、ジョイプロジェクション社のフェイスブック広告です。

まず、フェイスブックにバナー広告を出します（図表45）。最近は、ここを動画にするケースが増えています。

そこからすぐLPにはいかず、クッションページといわれるページにいきます。

フェイスブックを見る人の多くは、基本的に文章を読むのが好きなので（そうでない人はインスタグラムを見ます）、LPの前にもっと文章で情報を与えて興味を最高潮に高め、そこからLPに送客します（図表46、クッションページの例）。

この、〈バナー広告→クッションページ→LP〉という流れは他のメディアでも可能です。

たとえば、ネットでヤフーニュースなどを見ようとすると、たくさんの記事の見出しに紛れて広告のバナーも出てきます。そして、このバナー広告をクリックすると、すぐLPにはいかず、まずクッションページが出てきます。

図表45　スマートフォン　FB広告

フェイスブックというメディアが優れているのは、**類似配信の正確性と最適化機能**です。

ご存知のように、フェイスブックを利用しようと思ったらプロフィールを登録します。ここでメディアは個人の属性を把握できます。

Aさんが商品購入（コンバージョン）したら、Aさんと属性が類似するBさんにバナー広告を配信すれば、不特定多数の人に広告するよりもコンバージョンの確率ははるかに高まります。こういう**ONE TO ONEのマーケティングを可能にするのがECの最大の強み**で、テレビや新聞での広告では得られない情報マーケティングはどんどん進化しています。

類似配信はコンバージョン情報に基づくのみならず、コンバージョンはしなかったがLPにはアクセスした人、WEBでの行動履歴（どういうサイトに興味を持っているか、何曜日の何時頃にWEBにアクセスしているかなど）、さらにはキャリア（AndroidかiPhoneか）が同じような人に対しても行うことが可能です。

四〇代東京在住の女性と六〇代北海道在住の男性に対して、同じようにプロモーションしていくのがマスメディアですが、四〇代女性東京在住、OL、独身、私立大学

図表46　クッションページ

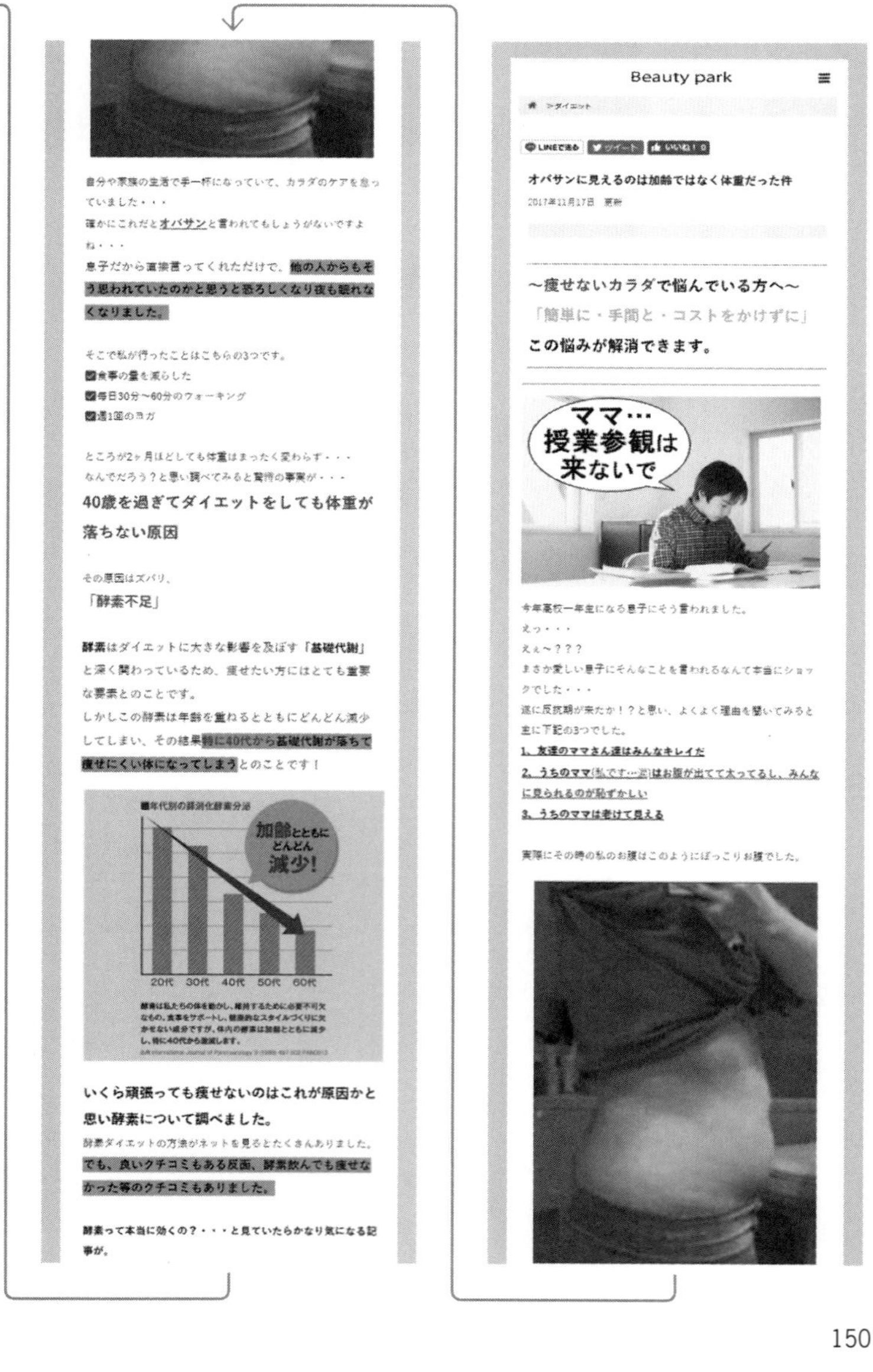
Beauty park

オバサンに見えるのは加齢ではなく体重だった件

～痩せないカラダで悩んでいる方へ～

「簡単に・手間と・コストをかけずに」

この悩みが解消できます。



今年高校一年生になる息子にそう言われました。
えっ・・・
えぇ～？？？
まさか愛しい息子にそんなことを言われるなんて本当にショックでした・・・
遂に反抗期が来たか！？と思い、よくよく理由を聞いてみると主に下記の3つでした。
1、友達のママさん達はみんなキレイだ
2、うちのママ（私です…涙）はお腹が出てて太ってるし、みんなに見られるのが恥ずかしい
3、うちのママは老けて見える

実際にその時の私のお腹はこのようにぽっこりお腹でした。

自分や家族の生活で手一杯になっていて、カラダのケアを怠っていました・・・
確かにこれだと**オバサン**と言われてもしょうがないですよね・・・
息子だから直接言ってくれただけで、**他の人からもそう思われていたのかと思うと恐ろしくなり夜も眠れなくなりました。**

そこで私が行ったことはこちらの3つです。
☑食事の量を減らした
☑毎日30分～60分のウォーキング
☑週1回のヨガ

ところが2ヶ月ほどしても体重はまったく変わらず・・・
なんでだろう？と思い調べてみると驚愕の事実が・・・

**40歳を過ぎてダイエットをしても体重が落ちない原因**

その原因はズバリ、
「酵素不足」

**酵素**はダイエットに大きな影響を及ぼす**「基礎代謝」**と深く関わっているため、痩せたい方にはとても重要な要素とのことです。
しかしこの酵素は年齢を重ねるとともにどんどん減少してしまい、その結果**特に40代から基礎代謝が落ちて痩せにくい体になってしまう**とのことです！



**いくら頑張っても痩せないのはこれが原因かと思い酵素について調べました。**
酵素ダイエットの方法がネットを見るとたくさんありました。
**でも、良いクチコミもある反面、酵素飲んでも痩せなかった等のクチコミもありました。**

**酵素って本当に効くの？・・・と見ていたらかなり気になる記事が。**

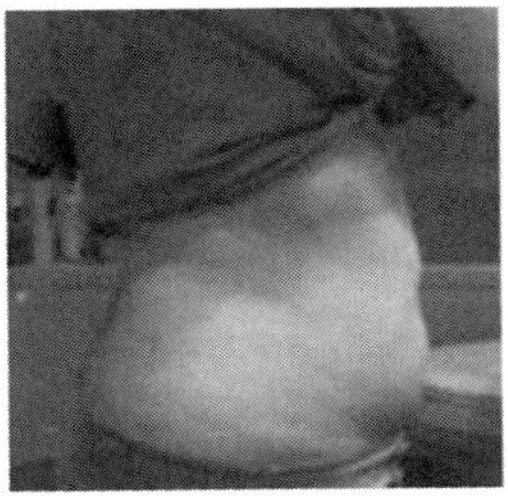

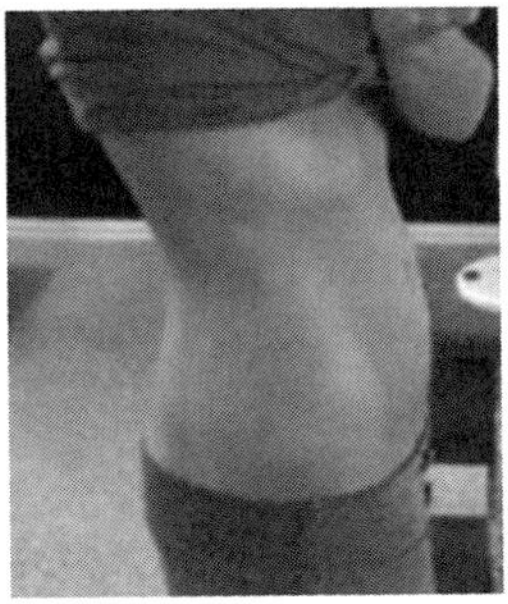

10歳ぐらい若返ったと息子にも言われました！笑

119種類の生きた酵素

[illegible]です。

この雑穀麹の生酵素は一般的に話題に上っている酵素ドリンクのなんと228倍のパワーとのことです！

⇒公式サイトで詳しく見る

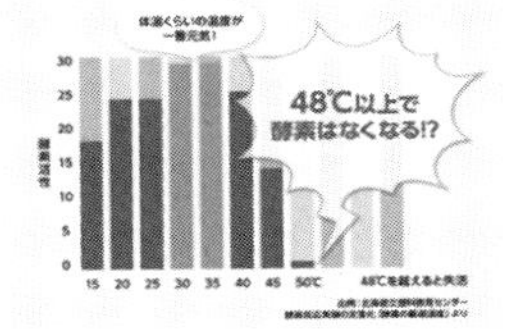


酵素は48度くらいになるとなくなってしまうとのこと。

そして日本の法律では、瓶詰販売には65℃以上の加熱が法律によって義務付けられているとか。

という事は、流行りの酵素ドリンクだと実際は意味がないという事なんです！

もう一度悪いクチコミがある商品を見たらやはり加熱したドリンクのタイプでした。

これは危なかった・・・意味のない買い物をするとこだった・・・

そして良いクチコミを見るとちゃんと「生きた酵素」を取ることができれば良いことがわかりました。

そしてその中でもクチコミの良い加熱していない生の酵素サプリを試しに飲んでみたんです。

すると・・・

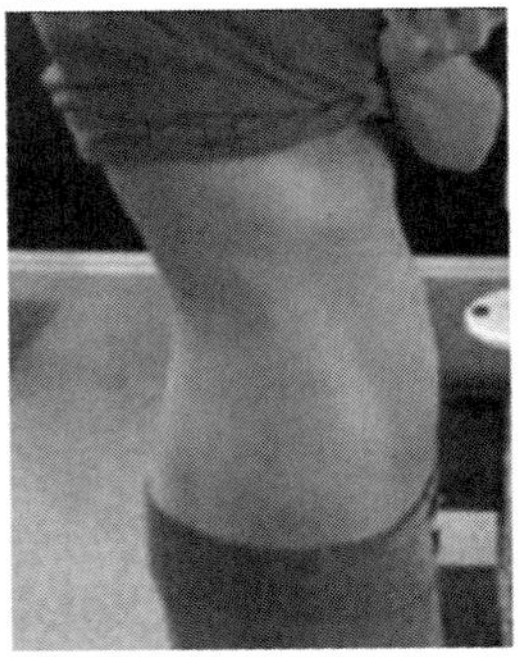

並べて比べてみると全然違いますよね。

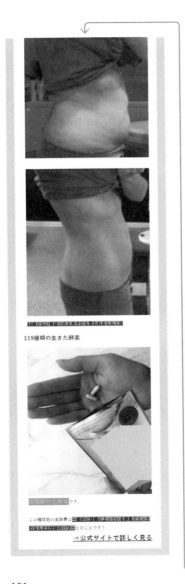

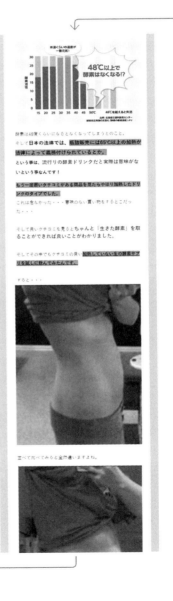

卒、マンション暮らしなどなど、ターゲットを絞り込んでいけるのが精巧な類似配信です。

そしてデータが集まれば集まるほど、類似配信の精度は高まります。これが最適化機能です。フェイスブックはこの機能も優れています。

プロモーションの規模にもよりますが、新規起業の場合は最適化に至るのに三カ月から半年かかると考えてください。

佐藤さんのケースでは、スタート一カ月目の五個から始まって、新規獲得数は、一五→三三→一一一→三五〇→一〇〇〇と伸びていきましたが、これはフェイスブック広告の最適化の進展に連動していると言えます。

## 商品特性やターゲットによって変わるプロモーション手段のバランス

以上、新規獲得のプロモーション手段として、フェイスブック広告、リスティング広告、アフィリエイトを紹介しましたが、佐藤さんのケースでは、新規獲得件数に占めるそれぞれの割合は、七九（フェイスブック広告）：一二（リスティング広告）：九

（アフェリエイト）で（詳しくは第3章参照）、フェイスブック広告が大きな割合を占めていました。

ここは商品特性とターゲットに関係するところです。

つまり、佐藤さんのケースでは機能性表示を考えていました。機能性表示を考える場合、顧客ターゲットは中高年とすべきです。なぜなら、このジェネレーションは「国が認めた」的な信頼性に軸を置いた訴求を好むからです。そして、そういう人はフェイスブックのようなビジュアル素材と共に読ませるメディアを好みます。これが若い世代だと「有名人が使っている」とか「カリスマブロガーが使っている」的な訴求を好み、メディアもフェイスブックよりもインスタグラムとマッチします。

これが一般の健康食品や化粧品だと、もっとアフィリエイトの比重を高めるプロモーションを展開すべきです。

## ＣＲＭ施策と薬事法規制

『4年で30億』で説明しましたが、ＣＲＭ施策は心理学とリーガルが絡み合い、とても奥深いものです。ここでは要点を説明しておきましょう。

まず、第1章で説明した法規制の変化により、今後、定期縛りは難しくなり、佐藤さんのケースのように、入口五〇〇円で新規顧客を獲得すれば、定期縛り四回で、LTV一万五五〇〇円がすぐ読める、というビジネスモデルはもはや成り立たないとお考えください。

そこで意味を持つのが**臨床試験**です。

臨床試験において、三カ月の試験でこういう効果が得られたので三カ月は続けてください、というロジックは説得力があります。

なので、このモデルであれば、入口一〇〇〇円、二回目・三回目五〇〇〇円、計一万一〇〇〇円のLTVは見込めます。

ただ、この先にまだ二つの問題があります。

一つは、**薬事法規制**です。日本の薬事法はたとえ真実であったとしても、効果は言ってはならないというやや時代遅れの規制になっています。

その時代遅れを少しでも改善する意味もあり、二〇一五年四月から機能性表示食品制度が始まったことは前述した通りです。

よって、この制度を利用すれば、認められた機能性の範囲内で、「三カ月の試験でこういう効果が得られた」と示すことができます。

ただ、機能性表示食品制度はスタート前のイメージよりも現状のハードルが高く、その分ハードルを超えるのに相応のコストがかかる状況です。何度も述べましたが、佐藤さんのケースでは臨床試験に一三〇〇万円を要しました。

そこで、機能性表示食品制度は利用しないとすると、臨床試験のコストは下がりますが（三〇〇万円～一〇〇〇万円程度）、臨床試験で得た結果をそのまま示すと薬事法違反になるので、そこで一工夫必要です。ここは大手の健食メーカーが用いている工夫を採用するのがよいと思いますが、その具体的手法は次の機会に説明しましょう。

## もう一回転させてLTVを二倍にする施策とは

もう一つの問題は、このモデルで三カ月のLTVはある程度確保できたとしても、それが一万一〇〇〇円だと、CPAが八〇〇〇円でも厳しいです（ここでは入口の商品は本品を想定しているのでCPA＝CPOです）。すでに説明したように、ざっくりLTVはCPOの二倍はほしいので、もう一回転してLTV一万六〇〇〇円に持っていきたいところです。

そのための施策には次のようなものがあります。

手っ取り早いのがプレゼントです。

**もう一回購入するとプレゼントがもらえるということで、もう一回の購入を勧める。**

女性はプレゼントを好むので、化粧品だとこの施策はわりと効果的です。ただ、何をプレゼントするかで効果は大きく異なります。考え抜かれたCRM施策を展開されていることで定評のあるドモホルンリンクルさんでは、通常買えない非売品をこういう時に使ったりしています。

次に、**もう一回続けるメリットを納得させる**という施策もあります。
すでにメアドは取得しているでしょうから、メルマガにリンクさせた特設ページで

プレゼントについてPRしたり、場合によっては特設ページに動画を置いてそれを見せたりする手もあります。ただ、ここは薬事法違反にならないように、しっかりリーガル分析を行った上で施策を設計する必要があります。

さらに発想を変えて、入口で勝負する手もあります。それはまとめ売りです。

トークのうまいコールセンターが用意できるのであれば、電話に誘導します。

たとえば、WEB購入だと五〇〇〇円だけど、電話購入なら一〇〇〇〇円というオファーで電話に誘導します。

そして、電話で次のようなトークを展開します。

**①あなたは今一〇〇〇円でこの商品を購入しようかとお考えになっている。**
**②しかし、この商品で確実に効果が得られるには六カ月続けていただきたい。**
**③あなたが試しにと思った一品はプレゼントしましょう。またもう一品おまけで付けましょう。なので四本分のお支払いをお願いします。**

要は、四本二万円で購入していただければ、二本プレゼントされるので六本三万円分が手に入り一万円お得、しかも効果が得られる確実性はアップする、というロジックです。

すでに紹介したコールセンターでしたら対応が可能ですが、もしコールセンターの用意が難しければ、初回同梱ツールでまとめ購入をプッシュします。

たとえば、図表47のようなチラシを同梱して、お得感をPRしてまとめ売りを勧めます。

佐藤さんのケースではCRM施策を打つ金銭的な余裕がなかったため、定期縛りの四回購入が終わると継続率が一気に五〇％に落ちていました。

たった一人で手が回らなかったとはいえ、ここは反省すべき点でした。

図表47　まとめ売り

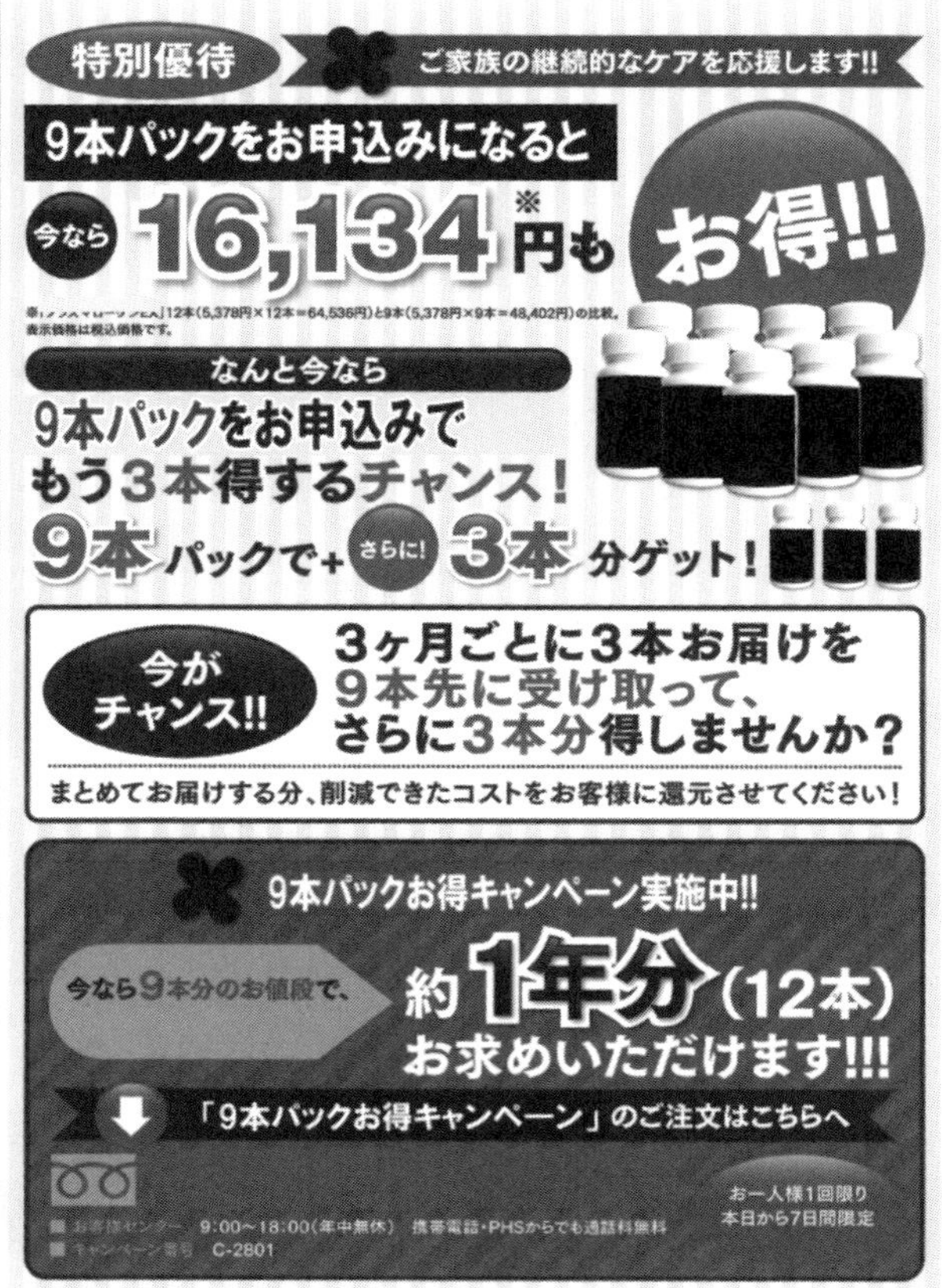
特別優待
ご家族の継続的なケアを応援します!!
9本パックをお申込みになると
今なら 16,134※円も
お得!!
12本（5,378円×12本＝64,536円）と9本（5,378円×9本＝48,402円）の比較。
表示価格は税込価格です。
なんと今なら
9本パックをお申込みで
もう3本得するチャンス！
9本 パックで＋ さらに! 3本 分ゲット！
今がチャンス!!
3ヶ月ごとに3本お届けを
9本先に受け取って、
さらに3本分得しませんか？
まとめてお届けする分、削減できたコストをお客様に還元させてください！
9本パックお得キャンペーン実施中!!
今なら9本分のお値段で、
約1年分（12本）
お求めいただけます!!!
「9本パックお得キャンペーン」のご注文はこちらへ
9:00〜18:00（年中無休） 携帯電話・PHSからでも通話料無料
C-2801
お一人様1回限り
本日から7日間限定

図表48　カレンダー

が減ってきませんか?」とか「フケが減ってきませんか?」といった感じです。「こういう変化から育毛は始まってきます」と言われ、最初の変化に思い当たりがあれば、1カ月経って黒々とならなくてもやめません。

このように、購入時にあまりにハイテンションになっている気持ちを、刻んでゴールに達する気持ちに転換させるには、小刻みに生じる変化の情報が役に立つのです。その情報集めに、カレンダーに書かれたコメントが役に立つのです。

## 佐藤さんが実際に行ったCRM施策

佐藤さんが使ったＣＲＭツールは商品同梱物のみでしたが、その内容は次のようなものでした。

| | |
|---|---|
| 初回同梱物 | ・ご挨拶（購入の御礼）<br>・ブランドブック（会社&商品の特長訴求）<br>・サポートブック（より効果を高める方法）<br>・カレンダー（30日分） |
| 2回目～4回目 | ・カレンダー<br>・会報（お客様の声、特長の再訴求） |
| 5回目以降 | ・カレンダーのみ |

カレンダーとは次のようなものです（図表48）。

子どもの頃、夏休みにラジオ体操に行くとカードにハンコを押してくれましたが、それに似ています。サプリを飲んだり、化粧品を使ったりしたら、そこにハンコ押したり、サインしたり、シール貼ったりします。さらにできれば、コメントを書いてもらいます。こうすることによって二つのメリットがあります。

一つは、摂取や使用を忘れない。定期コースの解約理由で一番多いのは「余っているから不要」というもの。そして、余っている最大の理由は飲み忘れや使い忘れ。これを防止するという意味です。

もう一つは、コメントを書いてもらえば情報が得られるということ。

これは、『４年でビリオネア』に書いた、刻みのアプローチに役立ちます。つまり、購入時には、皆ハイテンションで期待に胸膨らませています。たとえば、育毛剤なら「１カ月も使っていれば黒々してくるだろう」とワクワクしています。ところが、１カ月経ってもそうならないとがっかりしてやめてしまいます。これは期待が高すぎることから起こる離脱です。

これを防ぐためには、小さな変化を認識させることが重要です。育毛剤なら、たとえば、「洗髪した時の抜け毛が減ってきませんか？」とか「白髪

第3章

# 新規起業で勝つための経営戦略

## さまざまな困難を乗り越える知恵

## ポストチューンナップ期間のKPI（新規顧客獲得数）

前章で触れたように、スタートして最初の三カ月はチューンナップ期間で、大体、軌道に乗ってくるのが半年後くらいです。

ここで、KPI（新規顧客獲得数）がどういう風に推移したのかを確認しておきましょう。

佐藤さんのケースでは、スタート一カ月目の五個から始まって、新規獲得数は、一五↓三三↓一一一↓三五〇と伸びていき、半年で一〇〇〇個に達しました。

獲得手段はフェイスブック広告（七九％）、リスティング広告（一二％）、アフィリエイト（九％）で、獲得単価は各々、@一万円、@千円、@三千円でした。

この頃もまだ月に新規一〇〇〇個のペースでしたが、それでも、月に新規が一〇〇〇件入ってくれば、フェイスブック広告やアフィリエイトを見ている人はその一〇倍はいますので、そういう人が指名検索から入って購入に至る件数が増えてきます。

そうなると、新規獲得のポートフォリオとして指名検索が増えれば、指名検索は低コストなのでCPOが下がってきます。すると、広告予算を増やすことができるので、それでまた新規が増えていく、という好循環が生まれます。

佐藤さんのケースでは、最初のＣＰＯは二万円を超えていましたが半年後には八四〇〇円程度となり、その後八〇〇〇円程度にまで抑えることができました（図表49）。

ＬＴＶは一万四〇〇〇円くらいから始まり、半年後には一万九五〇〇円くらいまで伸びました。

## キャッシュフローなど、その後のハードシップ（困難）

佐藤さんのケースはこうやって一応軌道に乗りましたが、その後、順風満帆というわけではなく、いろいろな困難を乗り越えていかなければなりませんでした。

特に二つの大きな困難がありました。

一つは**キャッシュフローの問題**です。

佐藤さんのケースでは、初回が五〇〇円、二回目から五〇〇〇円という設計でしたので、単純に会計を作ってしまうと、ＣＰＯが一万円の場合、初月は五〇〇円入って一万円出ていくことになるので、売れれば売れるほど赤字がかさむことになります。

図表49　佐藤さんのケースのKPIの推移

〈新規獲得件数〉

| | 1カ月目 | 2カ月目 | 3カ月目 | 4カ月目 | 5カ月目 | 6カ月目 |
|---|---|---|---|---|---|---|
| 件数 | 15 | 33 | 33 | 111 | 350 | 1000 |

〈新規獲得ポートフォリオ〉　＊月1000件獲得

| | フェイスブック広告 | リスティング広告 | アフィリエイト |
|---|---|---|---|
| 獲得割合 | 79% | 12% | 9% |
| 獲得単価 | @10,000円 | @1,000円 | @3,000円 |

〈CPO・LTV推移〉

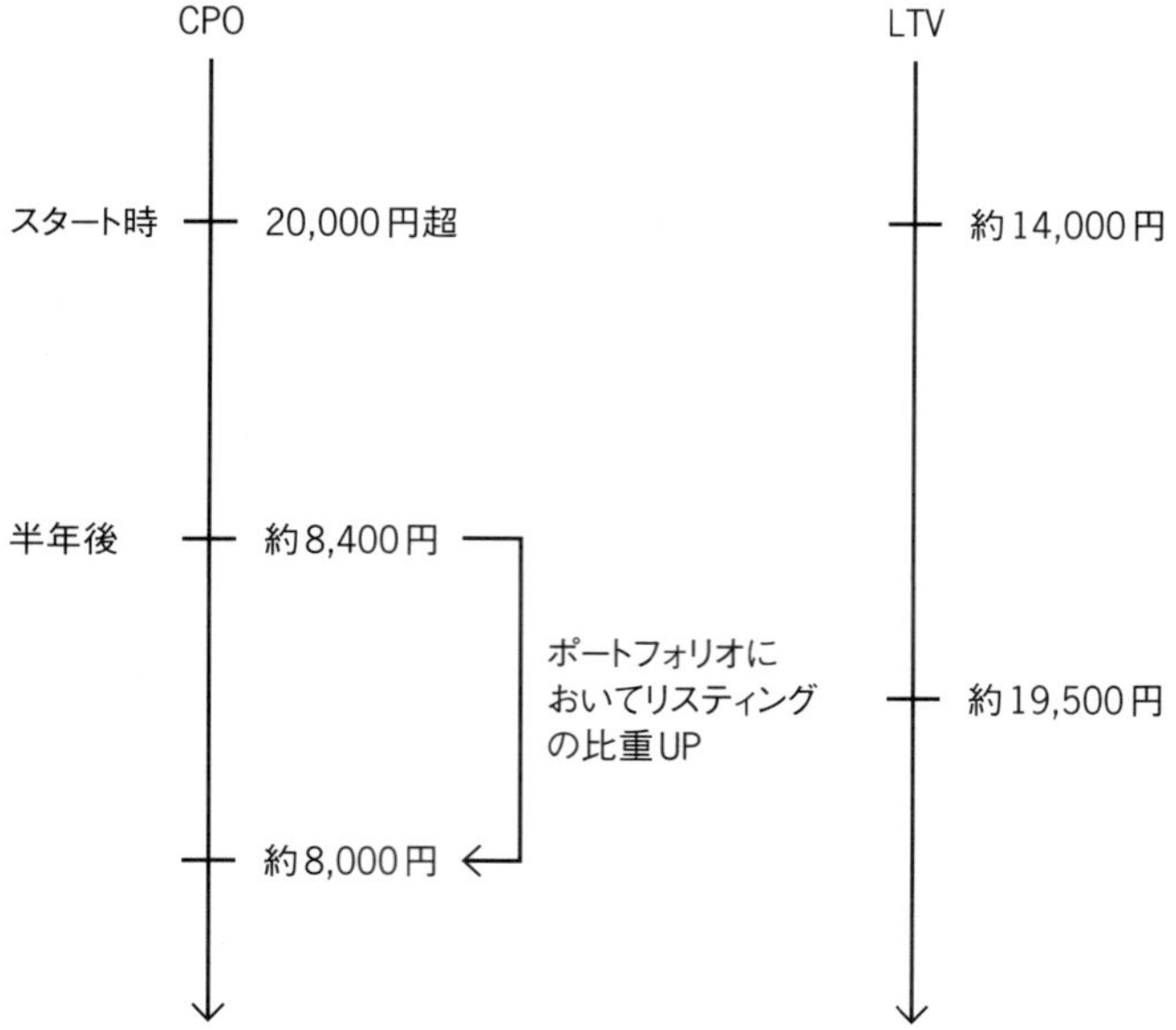

店販の場合、売上が前月の三倍になるとか五倍になるといったことは稀ですが、通販ではそういう事例はザラです。

佐藤さんのケースでも、新規獲得が一〇〇〇個に達した半年目くらいでキャッシュフローが厳しくなりました。

対応策として、広告代理店への支払いを末締め翌々末払いにしていただいたのですが、それでもアップアップでした。

クレジットカードで法人名義のカードを作り、可能な支払いはカード払いにして購入時と口座からの引き落とし時のタイムラグを活用するなど、キャッシュフローが順調に回っていくような準備をしておくに越したことはありません。

## 売上減少を招く「後払いの審査落ち」にはどう対応すべきか

もう一つは、後払いの審査落ちの問題です。

新規起業の場合、消費者が後払いを選択する割合が高いことは第1章第一ステージ（その四）で述べました。

佐藤さんのケースのように、初回の支払いが安い場合は与信レベルで顧客の質も低下するため、後払いでの与信落ち比率が高い傾向にあり、与信が通らない購入者の割合が、初回で一〇％、二回目以降で二〇％前後という状況でした。

これでは、せっかく獲得した新規顧客から売上が発生しないことになり、売上見込みが狂ってしまいます。

そこで、佐藤さんのケースでは、**三回目、四回目の定期縛り内で与信落ちした顧客には代引きで発送する**ことにしました。すると、約五割のケースで代引きで支払いを得ることができ、売上減少をなんとか食い止めることができました。

## 佐藤さんは起業後、一年三カ月後に機能性表示が受理される

佐藤さんのケースでは、こうやって一般健食としての販売を試行錯誤で続けているうちに、スタートから一五カ月目になりますが機能性表示届出が受理されました。

非常に訴求力が強い内容でしたので、これでまたフェイスブック広告やアフィリエイトが加速し新規獲得も月三〇〇〇件にまで至り、CPOは八〇〇〇円程度、LTVは二万一五〇〇円程度に至りました。

こうして、この第二期は結局、売上一・八億、利益三千万、利益率一七％で終了しました（決算対策前の数値 図表50）。

これで初期投資の二〇〇〇万円は回収し、また、このビジネスに一億円のマーケットプライスが付いているところから、事業売却でさらに一億円を手にすることも可能な状況にあります。

ここで、改めて、佐藤さんのケースを振り返り、まったくの素人でも実践可能な経営戦略を分析してみたいと思います。

図表50　佐藤さんのケースの第２期のKPI

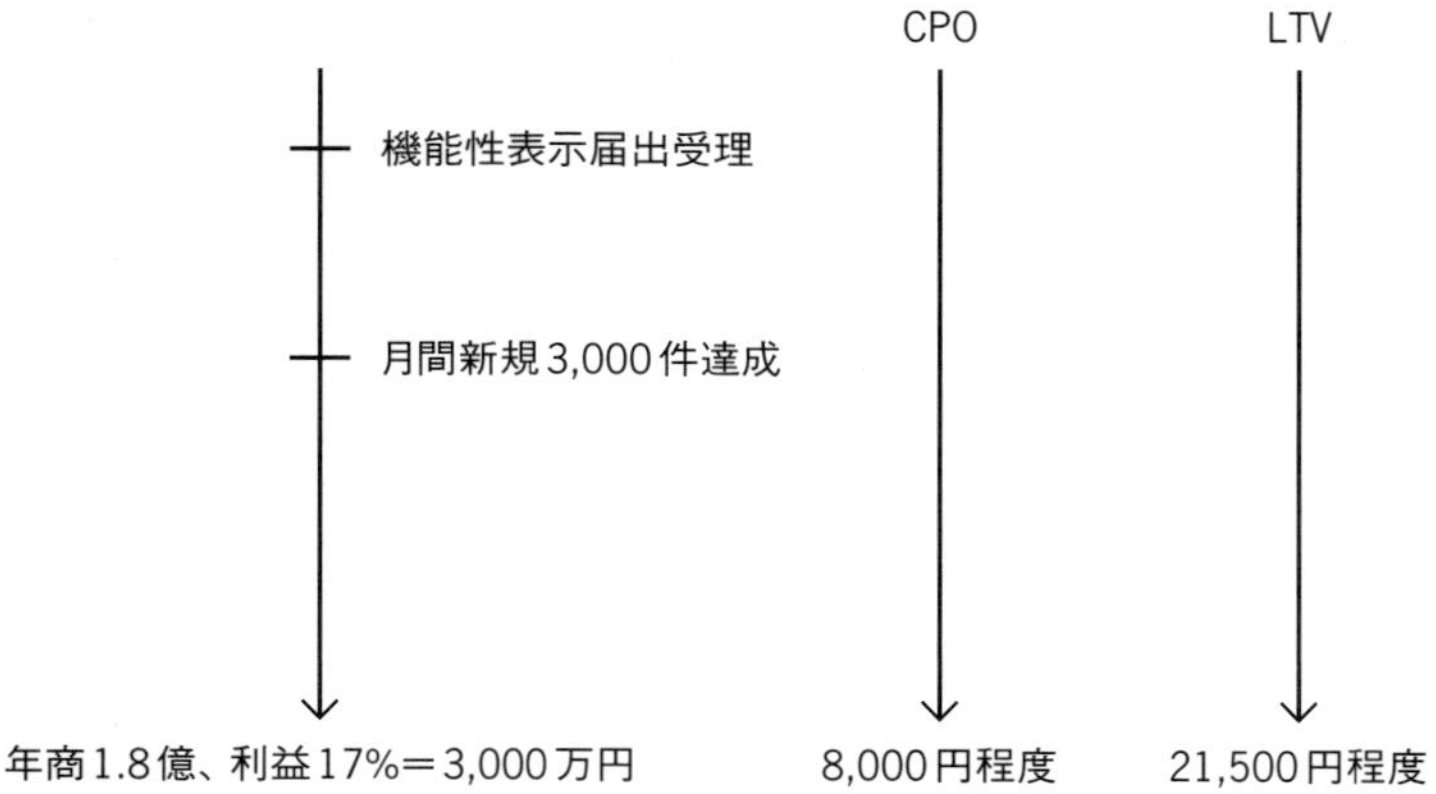


第２期の経常損益額の推移

| | |
|---|---|
| 第１月 | 2,357,626 |
| 第２月 | -3,354,675 |
| 第３月 | -3,572,019 |
| 第４月 | -6,168,357 |
| 第５月 | -11,956,086 |
| 第６月 | -9,933,515 |
| 第７月 | 11,631,923 |
| 第８月 | 6,355,941 |
| 第９月 | 20,203,651 |
| 第10月 | 8,953,701 |
| 第11月 | 11,548,124 |
| 第12月 | 5,433,211 |
| 計 | 31,499,525 |

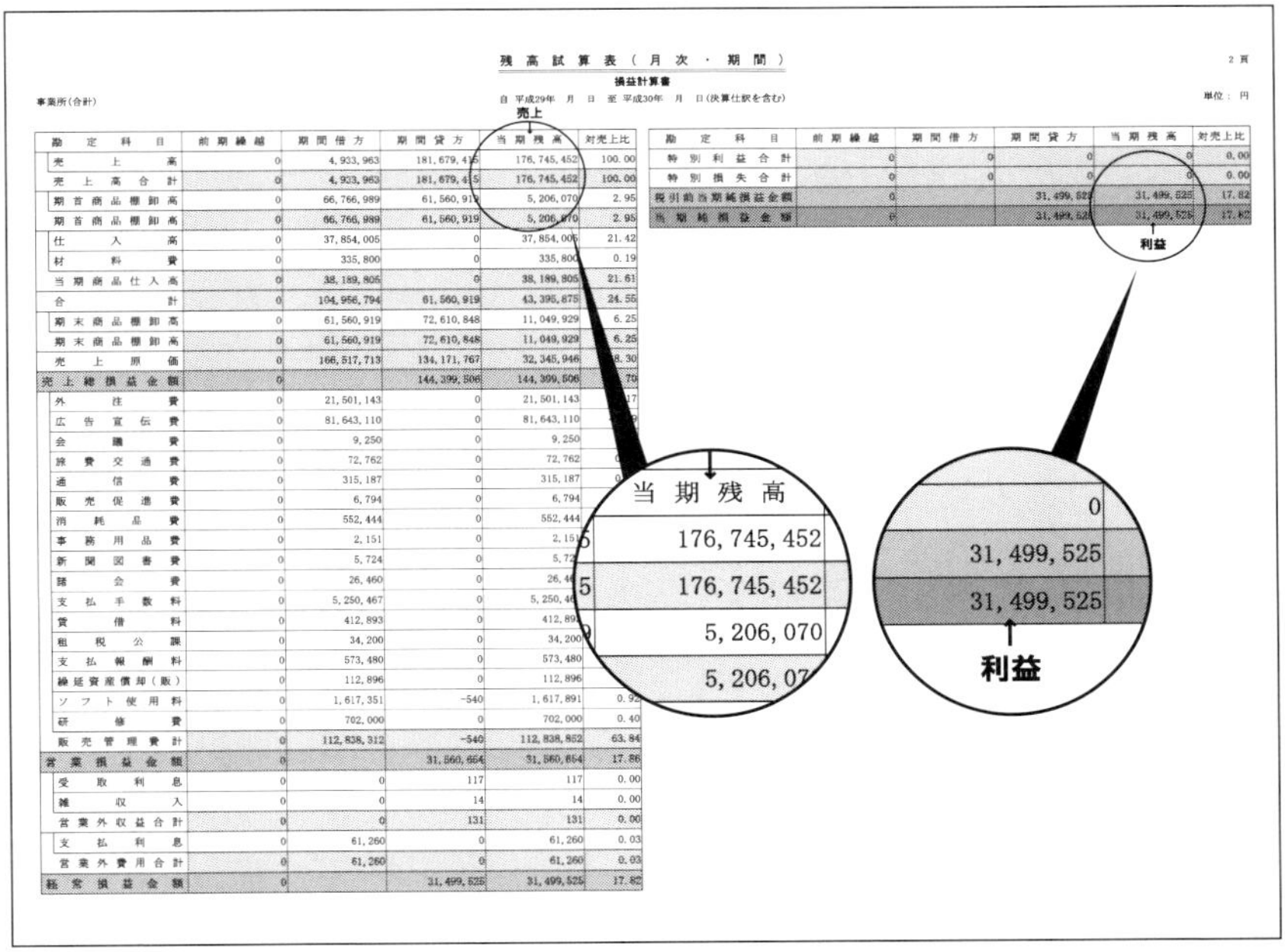

残高試算表（月次・期間）　2頁

損益計算書

事業所(合計)　自 平成29年 月 日 至 平成30年 月 日(決算仕訳を含む)　単位：円

| 勘定科目 | 前期繰越 | 期間借方 | 期間貸方 | 当期残高 | 対売上比 |
|---|---|---|---|---|---|
| 売上高 | 0 | 4,933,963 | 181,679,415 | 176,745,452 | 100.00 |
| 売上高合計 | 0 | 4,933,963 | 181,679,415 | 176,745,452 | 100.00 |
| 期首商品棚卸高 | 0 | 66,766,989 | 61,560,919 | 5,206,070 | 2.95 |
| 期首商品棚卸高 | 0 | 66,766,989 | 61,560,919 | 5,206,070 | 2.95 |
| 仕入高 | 0 | 37,854,005 | 0 | 37,854,005 | 21.42 |
| 材料費 | 0 | 335,800 | 0 | 335,800 | 0.19 |
| 当期商品仕入高 | 0 | 38,189,805 | 0 | 38,189,805 | 21.61 |
| 合計 | 0 | 104,956,794 | 61,560,919 | 43,395,875 | 24.55 |
| 期末商品棚卸高 | 0 | 61,560,919 | 72,610,848 | 11,049,929 | 6.25 |
| 期末商品棚卸高 | 0 | 61,560,919 | 72,610,848 | 11,049,929 | 6.25 |
| 売上原価 | 0 | 166,517,713 | 134,171,767 | 32,345,946 | [illegible] |
| 売上総損益金額 | 0 | | 144,399,506 | 144,399,506 | [illegible] |
| 外注費 | 0 | 21,501,143 | 0 | 21,501,143 | [illegible] |
| 広告宣伝費 | 0 | 81,643,110 | 0 | 81,643,110 | [illegible] |
| 会議費 | 0 | 9,250 | 0 | 9,250 | [illegible] |
| 旅費交通費 | 0 | 72,762 | 0 | 72,762 | [illegible] |
| 通信費 | 0 | 315,187 | 0 | 315,187 | [illegible] |
| 販売促進費 | 0 | 6,794 | 0 | 6,794 | [illegible] |
| 消耗品費 | 0 | 552,444 | 0 | 552,444 | [illegible] |
| 事務用品費 | 0 | 2,151 | 0 | 2,151 | [illegible] |
| 新聞図書費 | 0 | 5,724 | 0 | [illegible] | [illegible] |
| 諸会費 | 0 | 26,460 | 0 | [illegible] | [illegible] |
| 支払手数料 | 0 | 5,250,467 | 0 | [illegible] | [illegible] |
| 賃借料 | 0 | 412,893 | 0 | [illegible] | [illegible] |
| 租税公課 | 0 | 34,200 | 0 | 34,200 | [illegible] |
| 支払報酬料 | 0 | 573,480 | 0 | 573,480 | [illegible] |
| 繰延資産償却(販) | 0 | 112,896 | 0 | 112,896 | [illegible] |
| ソフト使用料 | 0 | 1,617,351 | -540 | 1,617,891 | 0.92 |
| 研修費 | 0 | 702,000 | 0 | 702,000 | 0.40 |
| 販売管理費計 | 0 | 112,838,312 | -540 | 112,838,852 | 63.84 |
| 営業損益金額 | 0 | | 31,560,654 | 31,560,654 | 17.86 |
| 受取利息 | 0 | 0 | 117 | 117 | 0.00 |
| 雑収入 | 0 | 0 | 14 | 14 | 0.00 |
| 営業外収益合計 | 0 | 0 | 131 | 131 | 0.00 |
| 支払利息 | 0 | 61,260 | 0 | 61,260 | 0.03 |
| 営業外費用合計 | 0 | 61,260 | 0 | 61,260 | 0.03 |
| 経常損益金額 | 0 | | 31,499,525 | 31,499,525 | 17.82 |

| 勘定科目 | 前期繰越 | 期間借方 | 期間貸方 | 当期残高 | 対売上比 |
|---|---|---|---|---|---|
| 特別利益合計 | 0 | 0 | 0 | 0 | 0.00 |
| 特別損失合計 | 0 | 0 | 0 | 0 | 0.00 |
| 税引前当期純損益金額 | 0 | | 31,499,525 | 31,499,525 | 17.82 |
| 当期純損益金額 | 0 | | 31,499,525 | 31,499,525 | 17.82 |

## 素人でもできる経営管理のポイント①「コスト管理」

私は、リーガルマーケティング理論に基づき、皆様にさまざまなアドバイスをしていますが、経営自体は皆様が実行していくものです。ここで、経営管理のポイントを説明しておきましょう。

第一に、**コスト管理**です。当然、シビアに行ってください。

### 1．商品原価

商品原価は、商品の通常価格の二割以下に抑えるべきですが、実際に販売した後、広告費やLTVの目論見が狂う場合もあり、最初の段階から商品コストについては徹底的にかなり下げることを考えておく必要があります。

### 2．外注費

外注費のメインは、ロジとコールセンターと後払い手数料です。複数社を競合させることで外注コストの削減を図る必要があります。

佐藤さんのケースでは、商品一個当たりで、おおよそ、ロジが@二七〇円、コールセンターが@一七〇円、後払い手数料が@二三五円かかりました。

## 3. 広告費

ＥＣで最も大きくコストがかかるものは広告費です。

リピート通販の場合、広告費は先行投資となり、数カ月の定期購入を経て広告費を回収しますので、事業の立ち上げ当初は広告の先行投資分を見込んでおく必要があります。

また、ＥＣでは当たり広告が出ると一気に注文が増えることがあります。佐藤さんのケースでも、それまで月千件の新規獲得が翌月一気に三〇〇〇件にアップしたことがありました。

その結果、月の売上が二四〇〇万円、広告費が二五〇〇万円という月もありました。広告費のコストだけで単月赤字です。それまでの貯金でなんとか切り抜けられましたが、翌月の広告費はその一割、二四〇万円に落としました。広告費をかければ新規獲得できることがわかっているものの、キャッシュフローを回すためにあえてセーブせざるを得なかったのです。

こういう場合にものを言ってくるのがリピートです。リピートは広告費をかけなくても売上を上げてくれます。

佐藤さんのケースでは、この当時、新規の売上とリピートの売上が一：三・六くらいでした。CRMがうまい企業だと、ここが一：九くらいとなり、キャッシュフローも安定し、余裕で広告費につぎ込むことができます。佐藤さんのケースでは、たった一人でしたのでCRMが十分ではなく、ここでアクセルを踏み切れなかった点は後悔されるところです（図表51）。

### 4．その他の費用

事務所の費用、通信費用や情報機器・ソフトウェアの利用料などが別途必要になります。基本的に外部委託を前提としてビジネスを組み立てるのであれば、事務所の費

図表51　リピートの推移

佐藤さんのケースは、定期4回縛りの事例でしたが、定期4回縛りのリピートは、
通常次のように推移すると言われています。つまり、4回目までは10%ずつ減っていき、
縛りが終わったときに50%減り、その後は30%ずつ減っていく。

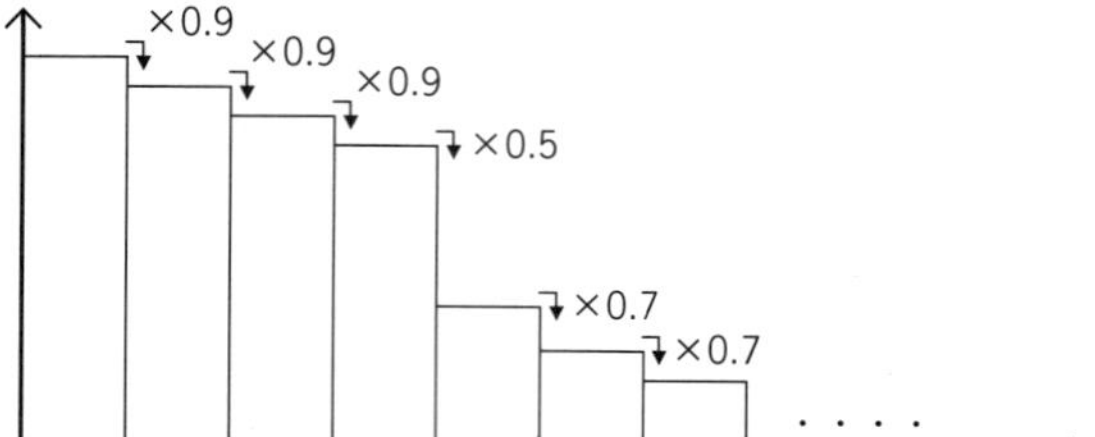


佐藤さんのケースでは5カ月目以降のCRM施策に力を入れる余裕がなかった結果、
30%ずつの減少よりも大きな減少となってしまいました。

用などに大きくコストをかける必要はありません。登記ができて必要な時の事務作業や取引先との打合わせや代表電話の窓口機能があるのであれば、レンタルオフィスでも十分です。

佐藤さんのケースでは、その他費用を月に大体七〇万円くらい、商品一個当たり@一五〇円を見込んでいました。

## 素人でもできる経営管理のポイント② 「CPO&LTV」

次に、重要なのが、CPO&LTVです。

CPOやLTVは、いろいろな施策がうまくいっているかをチェックするのに最も重要な指標です。

第1章で述べたように、初期段階は成長速度を重視して、**LTVの六割くらいまでのCPOを許容してかまいません。**つまり、LTVが一万五〇〇〇円ならCPO九〇〇〇円くらいまではOKと考えます。

次の段階は、CPOがLTVの五割。LTV一万六〇〇〇円ならCPO八〇〇〇円です。

佐藤さんのケースでは、ザックリ言って、スタート段階が、CPO二万円&LTV一万四〇〇〇円、半年くらい経って、CPO八四〇〇円&LTV一万九五〇〇円、機能性表示受理後、CPO八〇〇〇円&LTV二万一五〇〇円。CPO÷LTVでいうと、一四二%→四三%→三七%と推移しています。

このように、経営としてうまくいっているかどうかは、CPO&LTVに如実に反映されます。CPO&LTVの数値がよくなければ、CPOを下げるかLTVを上げるか手を打つ必要があります。こうして、経営者であるあなたが行うべき重要な経営管理がCPO&LTVの管理です。ただ、この二つの数値を手計算で行うのはとても大変なので、**分析ツール**を使うことをお勧めします。

佐藤さんのケースでは、ジョイプロジェクション社のアナライザーを使いました(図表52)。

佐藤さんご夫婦は、この経営管理にはとても熱心でした。毎月私に数値を報告し、取るべき施策を一緒に検討したことが、紆余曲折を経ながらも事業を順調に伸ばすことができた最大の要因だと思います。

図表52 Analyzer

DMP (データマネジメントプラットフォーム)とは

DMPは、あらゆるユーザーデータを統合的に管理するプラットフォームです。
顧客データを大切な資産と位置づけ、データを蓄積・分析し、これまでにない
新しいマーケティング活動を支援いたします。

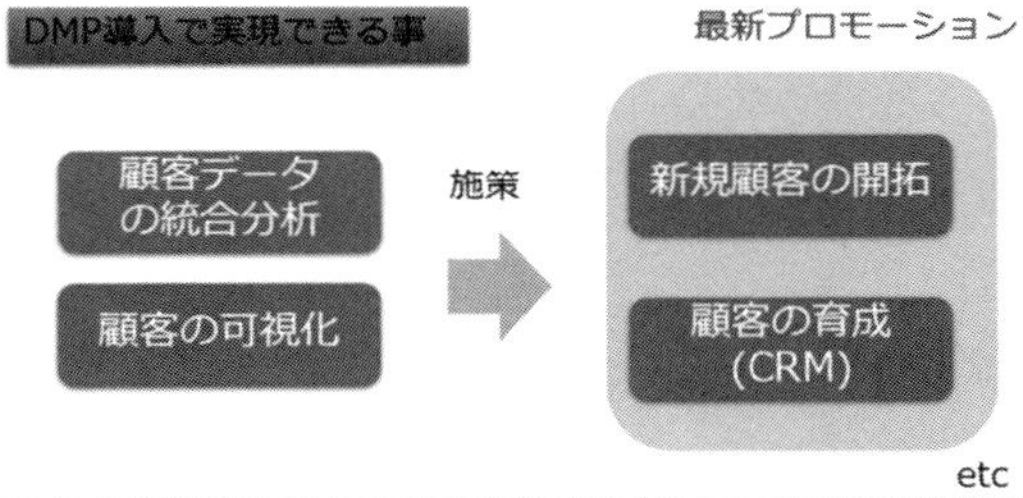


DMPの活用では、どのような課題を解決するかを明確にする必要があります。

DMPとは　二つの分類

DMP(データマネジメントプラットフォーム)の分類について

| | プライベートDMP | オープンDMP |
|---|---|---|
| 蓄積データ | 企業独自のデータ<br>(1st Party データ) | 第3者のデータ<br>(3rd Party データ) |
| データ項目 | ・WEB広告から来訪した履歴<br>・WEBサイト閲覧履歴<br>・商品購入履歴<br>・顧客属性(年齢、性別)<br>・実店舗データ<br>・アンケートデータ<br>etc | ・年齢<br>・性別<br>・趣味趣向<br>・職業<br>・年収<br>etc |
| データ蓄積方法 | ・企業WEBサイトでのアクセスログ<br>・独自にオフラインで取得したデータ<br>-店舗での商品購入履歴<br>-アンケートデータ | ・外部WEBサイトでの行動履歴<br>(どのような外部WEBサイト)<br>・オフラインでのアンケートデータ |

・プライベートDMPは、貴社独自の資産(顧客データ)をフル活用します。
・オープンDMPは、貴社が独自に取得できないデータ項目を情報提供します。

## AnalyzerDMPがご提供するもの

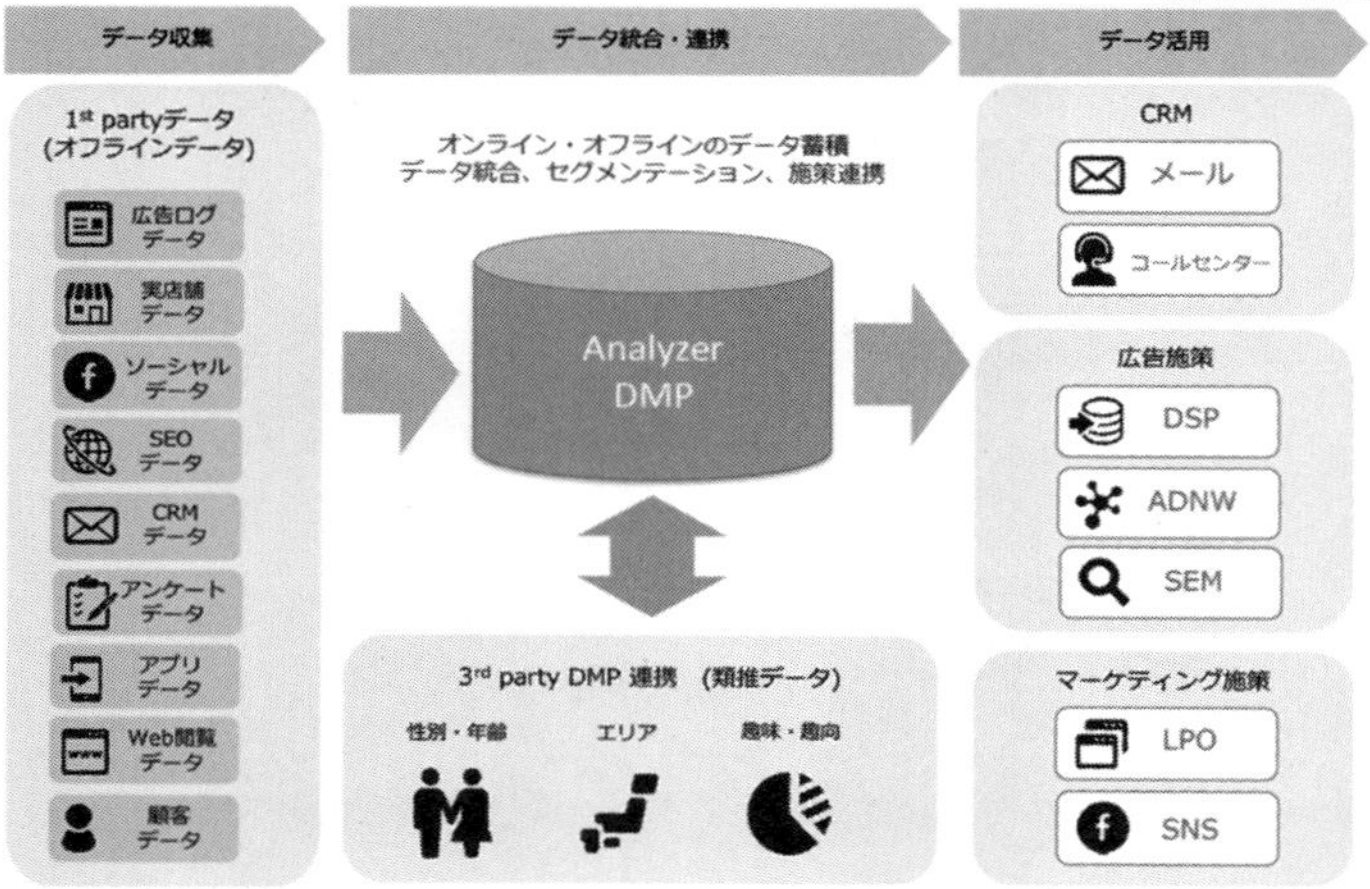


## 料金表

### 導入料金

100,000円（初回のみ）

※セグメント設計サポート、タグ設置サポート、サーバー連携サポートなどを含む

### トラフィック料金

**◆トラフィックテーブル**

| | | | |
|---|---|---|---|
| ～100,000トラフィック | ¥30,000 | ～500,000トラフィック | ¥60,000 |
| ～200,000トラフィック | ¥40,000 | ～1,000,000トラフィック | ¥80,000 |
| ～300,000トラフィック | ¥50,000 | ～2,000,000トラフィック | ¥120,000 |

### オプション料金

- ●類推データ連携　¥60,000（年齢、性別、未既婚、子供ありなし、趣味趣向、職業、年収）
- ●データフィード構築+サイト内レコメンド　¥100,000～
- ●サジェスト　¥200,000～

第3章 | **新規起業で勝つための経営戦略**
さまざまな困難を乗り越える知恵

# エピローグ

佐藤さんご夫婦が、私のオフィスを訪ねてきてから三年経ち、夫の太郎さんは無事早期退職を果たしました。投資した二〇〇〇万円も回収し、今は起業したビジネスを一億円程度で売却する話が持ち上がっているので、また次の新たなビジネスを起業しようかと考えているところです。

さて、最後に、佐藤さんのケースで学ぶべきものを考えてみたいと思います。

なぜ、佐藤さんのケースはうまくいったのか?
臨床試験に一三〇〇万円投資して訴求力ある機能性表示食品を投入できたから……
これは違います。
機能性表示食品が受理されたのは二期目の四カ月目でした。つまり、プロローグで述べたように、佐藤さんのケースは機能性表示食品だから成功したというわけではなく、二つのリレーで、第一走が普通の健康食品。**この第一走が新規獲得を月一〇〇〇件の状態で持っていけていたので成功できたのです。**機能性表示食品が果たした役割は、この状態を拡大し安定化させたことでした。

　では、なぜ、第一走は新規獲得を月一〇〇〇件まで持っていけたのか？

　それは、CPO（佐藤さんのケースはCPO＝CPA）がLTVの六〇％以下に収まったからです。つまり、新規獲得で利益を生むLTVがもたらされ、その利益が広告費に回され、その広告費でまた新規が獲

図表53　利益の拡大再生産

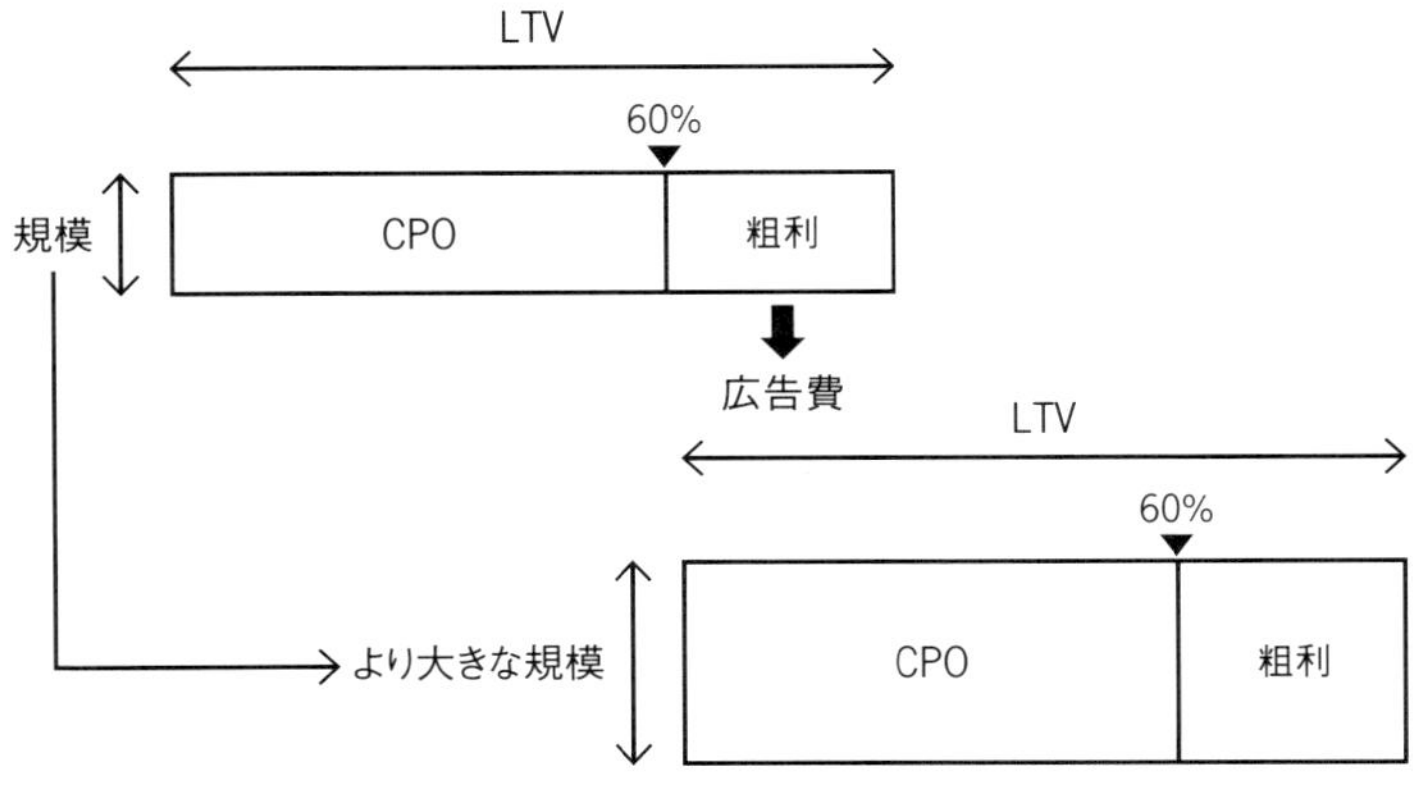

得され、という具合に拡大再生産できたのです（図表53）。しかも、何度か書いたように、佐藤さんのケースはＣＲＭ（顧客管理）施策が不十分でした。ということは、**佐藤さんのケースの最大の成功要因は新規獲得施策がうまくいったから**、ということになります。

では、なぜ、新規獲得施策がうまくいったのか？

ＥＣの新規獲得施策は、**①プロモーションでＬＰに送客、②ＬＰでコンバージョン（購入）**、という構造になります。よって、成功要因は巧みなプロモーションと、強いＬＰにあります。

では、なぜ、プロモーションがうまくいったのか？

それは、佐藤さんのケースのパートナーであったジョイプロジェクション社やロンバート社が頑張ったからというのが一つ。そして、彼らのプロモーションをやりやすくしたのは強いLPがあったからです。

では、なぜ強いLPができたのか?

それは、LPの四大重要要素である、①メディカルコンテンツ、②ティーアップ、③共感、④驚き、が十分に盛り込まれていたからです。

このうち、①②は私がリーガルマーケティング理論に基づきお手伝いいたしましたが、③④はヤフー知恵袋やモニプラを使った佐藤さんのリサーチに基づいたものです。

こうして分析してみると、私の知恵と皆様の汗の合作が成功をもたらすことがわかると思います。

人生百年、寿命の伸びに反比例して、早期退職は増え年金は減っていく状況です。何か手を打たないと寂しい老後になりそうです。

この状況を打破するために、汗をかくこともいとわない、という方は次のステージに進んでください。

## 次のステージに進むためには

本書を読んで実際に起業してみたいという方のために私は二つの次のステージを用意しています。

**1. 売上アップコンサルティング**
マンツーマンで指導します。

**2. 起業塾**
ゼミ形式で本書の佐藤太郎さんと共に行います。

**詳しいことはホームページをご覧ください**

http://www.yakujihou.com/venture.html

## 美健ECで頼りになるアウトソース企業一覧

| 名称 | URL | 備考 |
|---|---|---|
| 会社設立ひとりでできるもん | https://www.hitodeki.com/ | 会社設立 |
| ホームページ作成 | https://ferret-plus.com/524 | HP |
| イズアソシエイツ | https://www.is-assoc.co.jp/ | LP-CRM |
| 楽々リピート | https://raku2repeat.com/ | カート |
| NP後払い | https://www.netprotections.com/ | 決済 |
| フェルマ | https://www.felmat.net/ | ASP |
| アクセストレード | https://www.accesstrade.ne.jp/ | ASP |
| ジョイプロジェクション | http://joy-projection.com/ | プロモーション |
| アーツ | http://dearuka.jp/ | ロジ |
| 東計電算 | http://www.toukei-fs.jp/page1.html | コールセンター |

## 林田　学

**Mike Hayashida,Ph.D**

東京大学法学部大学院卒、法学博士。Harvard Medical School オンラインコース単位取得。大学教授、弁護士*を経て、現在㈱薬事法ドットコム（YDC）社主、JTA（日本遠隔健康管理学会）理事長、NY財団 HIF（Hayashida Intercultural Foundation）理事長。

2002年度薬事法改正のための小委員会など、政府関係委員会委員を多数歴任。

1995年の小林製薬㈱の通販事業を皮切りに、健康美容医療ビジネスの分野で関連法令とマーケティングの第一人者としてプレーヤーをサポート。広告代理店やクリニックを含め、関わった事案は600社以上を数える。

著書に、『PL法新時代』、『情報公開法』（中公新書）、『最新薬事法改正と医薬品ビジネスがよーくわかる本』（秀和システム出版）、『ゼロから始める！ 4年で年商30億の通販長者になれるプロの戦略』、『健食ビジネス新時代を勝ち抜くプロの戦略　「機能性表示」解禁を、どう生かすか』（ダイヤモンド社）、『機能性表示とノウハウカルテットで4年でビリオネアへの道』、『景品表示法の新制度で課徴金を受けない3つの最新広告戦略』（河出書房新社）などがある。

● 東京オフィス
〒160-0022　東京都新宿区新宿4-3-17 FORECAST 新宿 SOUTH 5階

● ニューヨークオフィス
57W 57th 4thFl NY NY10019

● 林田学公式サイト
→www.mhayashida.com/


＊現在、弁護士登録は辞め、弁護士活動は行っていません。

退職前に開業できる！

**素人でもたった２年で**
**年商1.8億円を実現した美健EC**

2018年7月11日　第1刷発行

著者　林田　学

発行所　ダイヤモンド社
〒150-8409　東京都渋谷区神宮前6-12-17
http://www.diamond.co.jp/
電話　03-5778-7235（編集）　03-5778-7240（販売）

装丁&本文デザイン　有限会社北路社

イラスト　秋葉あきこ

制作進行　ダイヤモンド・グラフィック社

印刷　信毎書籍印刷（本文）・慶昌堂印刷（カバー）

製本　宮本製本所

編集担当　梶原一義


ISBN　978-4-478-10537-5